Cuando JESÚS *le habla a un* CORAZÓN HERIDO

Cuando
JESÚS
le habla a un
CORAZÓN
HERIDO

Emily Biggers

BARBOUR
ESPAÑOL
Un Sello de Barbour Publishing

Jesús te habla cuando tienes el corazón herido

Este hermoso devocional está escrito para tu corazón herido, te inspirará en tu caminar diario en la fe. Son docenas de lecturas que te ofrecen el confort que necesitas para enfrentar el día, junto a pequeños y encantadores recordatorios de que Jesús tiene un mensaje muy especial para tu corazón atribulado.

Aprenderás que Jesús nos habla todos los días, en cualquier situación difícil, ya sea una pérdida, soledad, ira, tristeza o inseguridad. Cada devocional, enraizado en las Escrituras y escrito desde la perspectiva celestial de Cristo, te hará sentir perfectamente amada y bendecida.

«Habla, Señor, que tu siervo escucha».
1 Samuel 3.9 ntv

Valió la pena la espera

Nunca has derramado una lágrima que yo no haya visto. Tú eres mi tesoro. Te amé lo suficiente para morir por ti. ¿Confías en que no te he olvidado? Nunca lo haré.

Le he dado a la humanidad libre albedrío, y la gente toma decisiones. Algunas de estas decisiones te hieren profundamente. Esto forma parte de vivir en un mundo perdido.

La buena noticia es que estoy contigo. Estoy ahí, incluso en el día más triste de tu vida. Estoy con el que sufre un corazón roto. Estoy más cerca cuando estás más triste. Voy a vendar tus heridas. Te escucharé. Te mantendré cerca.

Guardo cada lágrima que lloras, y un día, en el cielo, no habrá más lágrimas. No volverás a llorar. Es un lugar glorioso por el que vale la pena esperar.

Tú llevas la cuenta de todas mis angustias
y has juntado todas mis lágrimas en tu frasco;
has registrado cada una de ellas en tu libro.
SALMOS 56.8 NTV

Luz pura

Conoces los valles oscuros. Sientes la sombra de la muerte. Sin embargo, todavía ves ese rayo de luz, ¿no es así? Cada día te brinda la esperanza suficiente para llevarte al siguiente. Esto es porque estoy contigo. Estoy detrás de cada rayo de luz en tu camino. Yo orquesto esas pequeñas bendiciones que parecen demasiado buenas para ser verdad. No existe ninguna coincidencia para una persona de fe.

Yo soy el Buen Pastor y tú eres mi oveja. Te cuido con mucho cariño. Nunca te dejo escapar de mi línea de visión. Reconoce el sonido de mi voz para que pueda dirigirte todos los días de tu vida.

Al hacer frente a la oscuridad, recuerda que yo soy la luz pura. Seré tu valentía cuando necesites ser valiente y tu consuelo cuando sientas que no puedes seguir adelante. Nunca caminas sola.

Aunque camine por valles sombríos
no temeré mal alguno,
porque tú estás conmigo,
tu vara y tu cayado me sosiegan.
SALMOS 23.4 BLPH

Mira hacia arriba

La ansiedad es un truco que el enemigo utiliza para hacerte creer que debes estar preocupada. Siempre está merodeando, maquinando e intentando distraer a los creyentes de la verdad. La verdad es que siempre estoy contigo, así que no hay razón para temer.

No mires hacia el mañana con el ceño fruncido y los ojos llenos de preocupación. Yo sostengo tu mano y derramaré sobre ti exactamente la medida de fuerza que necesitas para pasar por cada prueba. Confía en mí. Lo haremos un día tras otro, un paso tras otro.

Cuando te sientas abrumada, recuerda que no estás sola. No solo te daré fuerzas. *Seré* tu fuerza. No hay necesidad de temer, hija. Mira hacia arriba. Estoy aquí a tu lado y nunca te abandonaré.

Así que no temas, porque yo estoy contigo;
no te angusties, porque yo soy tu Dios.
Te fortaleceré y te ayudaré;
te sostendré con mi diestra victoriosa.
ISAÍAS 41.10 NVI

Cuando te sientas abrumada,
recuerda que no estás sola.
No solo te daré fuerzas.
Seré tu fuerza.

En mis manos

Te vi antes de que te formaras en el vientre de tu madre. Eras y sigues siendo un pensamiento encantador para mí. Cada día destinado para ti es un regalo. No podría amarte más aunque lo intentara.

Nada impacta en tu vida que no haya sido filtrado a través de mis dedos. Me preocupo profundamente por ti y me duele verte herida. Ciertamente, existen pruebas en tu vida. Yo las he permitido. No entiendes las luchas. Es casi imposible para ti recibirlas. Pero, cuando lleguen, descansa en mí. Recuerda que siempre tengo en mi corazón lo mejor para ti. Que sepas que la dificultad es temporal. Se solucionará con el tiempo.

Yo soy tu Salvador, tu Redentor, tu amigo. Tu vida está en mis manos, y estas son las manos de quien te ama con un amor inquebrantable. La vida dolerá a veces. Confía en que todavía tengo el control y nunca te voy a permitir más de lo que puedas soportar.

Pero yo, Señor, en ti confío,
yo he dicho: «Tú, Señor, eres mi Dios».
Salmos 31.14–15 blph

Incluso en silencio

Hay momentos en los que no voy a hablar. Estos serán días para acercarse a mí y confiar. Lee mi Palabra. Las páginas de las Escrituras levantarán tu espíritu y enfocarán tus ojos en mí una vez más. Mira las bendiciones en tu vida. Me revelaré a ti incluso en mi silencio.

Hay veces que no me moveré. Esto no significa que te quedarás estancada para siempre en las circunstancias que te incomodan. Ten fe. La tormenta terminará, o yo te guiaré a través de ella.

Puedo conducirte a través de una prueba para que crezcas y aprendas. Pero siempre te sacaré. Yo soy tu Proveedor y tu Salvador.

Nada puede arrebatarte de mi mano. En este mundo seguramente tendrás problemas. Pero yo he vencido al mundo, hija, y tú me perteneces. Siempre te rescataré en el momento adecuado.

Me sacó a un amplio espacio;
me libró porque se agradó de mí.
SALMOS 18.19 NVI

Siempre fiel

Siempre seré fiel. No es propio de mi carácter ser nada menos que eso.

Si parece que no estoy ahí, es que te has alejado de mí. Da media vuelta. Da un paso. Mira hacia arriba. Estoy aquí. Soy la única cosa en tu vida que es constante. Nunca cambio. Soy el mismo ayer, hoy y mañana.

A medida que pasas por días que son una lucha, aguanta. Mantente firme. Sujétate fuerte. Mírame, porque yo soy la verdad y la luz. Soy el único camino a través del caos. No te preocupes por el mañana o el futuro. Solo da el siguiente paso y haz la siguiente acción correcta. Yo estoy resolviendo las cosas para ti.

Anhelo que confíes en mis promesas. Cuando esperas en mí, puedes experimentar el verdadero descanso. Nunca dudes de mi fidelidad.

Mantengamos firme la esperanza
que profesamos, porque fiel
es el que hizo la promesa.
HEBREOS 10.23 NVI

El portador de la carga

No estás destinada a llevar tus propias cargas, hija. Esa es una mentira que el príncipe de las tinieblas intenta venderte. ¡Recházalo! Escucho tu clamor a altas horas de la noche. Veo la preocupación que te consume. Yo deseo que deposites tus preocupaciones en mí, y aun así insistes en aferrarte a ellas.

Yo soy más fuerte que tú. Tus cargas no me abruman. Dámelas. Déjame llevarlas por ti. Anhelo ver que te pongas de pie otra vez, libre de esta carga enorme. Quiero que te liberes de estas preocupaciones que nublan tu visión del futuro. Quiero que tu paso sea ligero y que tus ojos vuelvan a brillar.

Yo llevaré tus problemas por ti. Los solucionaré, si me lo permites. Te amo y quiero ser tu portador de la carga hoy y todos los días.

Entrégale tus cargas al SEÑOR,
y él cuidará de ti;
no permitirá que los justos tropiecen
y caigan.
SALMOS 55.22 NTV

En tu día más oscuro, en tu
crisis más profunda, cuando
no puedes dar un paso más, yo
estoy cerca. Me apoderaré de
ti. Te rescataré.

Rescatada

A veces yo calmo la tormenta. A veces te llamo para que camines sobre las olas. Confía en mí y siempre te ayudaré. Tal vez no sea instantáneo, porque mi tiempo rara vez es el que tú quieres que sea. Pero siempre, *siempre* estaré ahí.

Habrá días en que pienses que las aguas son demasiado profundas y que te ahogas con toda seguridad. Es en esos días en los que simplemente no puedes confiar en tus sentimientos. Debes apoyarte fuertemente en tu fe. Debes recordar que yo te veo. Nunca pierdo de vista dónde estás. No me gusta verte luchar, pero a veces lo permito por una temporada.

En tu día más oscuro, en tu crisis más profunda, cuando no puedes dar un paso más, yo estoy cerca. Me apoderaré de ti. Te rescataré. Te llevaré al otro lado. Confía en mí.

Extendiendo su mano desde lo alto,
tomó la mía y me sacó del mar profundo.
SALMOS 18.16 NVI

Mis mejores deseos para ti

Te he oído clamar preguntándote por qué. He visto tus pensamientos, los que cuestionan si soy real, si me importas y, si es así, por qué permito que te hagan daño.

No estás viendo el cuadro completo ahora mismo. Solo ves lo que quieres, yo veo lo que necesitas. ¿Recuerdas ese sueño que perseguías y que podría haberte llevado a la destrucción? Yo puse una barrera en tu camino en el momento justo. Estabas enojada y herida. Entiende que puse ese obstáculo allí por tu propio bien.

Que sepas que tengo grandes planes para ti. Algunos de los planes pueden requerir que te duela un poco en el presente para recibir lo que tengo para ti en el futuro. Valdrá la pena.

Confía en que estoy haciendo que todas las cosas converjan para tu bien. Mi inmenso amor por ti nunca podría desearte daño. No retengo ningún buen regalo. Todos mis caminos son rectos. Tienes un futuro muy brillante, hija mía.

Pues yo sé los planes que tengo para ustedes —dice el Señor—. Son planes para lo bueno y no para lo malo, para darles un futuro y una esperanza.
Jeremías 29.11 ntv

Seguridad y paz

Sé que tienes miedo. No puedes ocultarme tu temor. Te conozco perfectamente porque te tejí en el vientre de tu madre. Te he llamado «Mía», y eso nunca cambiará. Nada es capaz de alejarte de mí. Anhelo que tomes cautivo cada pensamiento preocupante y me lo traigas. Permíteme reemplazar el miedo por la seguridad y la ansiedad por la paz.

Yo veo tu preocupación, pero debes dar el paso hacia mí. Debes tomar la decisión de depositar tus preocupaciones en mí. Como mis discípulos durante la fuerte tormenta en la barca, tu fe flaquea. Está segura en un momento, pero falla en el siguiente. Pídeme que aumente tu fe, y lo haré. Estoy listo para ayudar, listo para rescatar y listo para consolar.

Libérame de todos tus problemas. Puedes confiar en mí, querida. Estoy aquí para ti, y nunca te decepcionaré.

No dejen que el corazón se les llene de angustia;
confíen en Dios y confíen también en mí.
JUAN 14.1 NTV

Recuerda esto

Estás rodeada de personas que confían en el mundo. Siempre aparecerán con las manos vacías. Siempre tendrán carencias y estarán inseguros. El mundo no es tu hogar, hija, y no hay nada en lo que puedas confiar. Recuerda esto.

Probablemente no veas estatuas doradas en cada esquina, aunque hay algunos que adoran a tales ídolos. Muchos de los dioses de su sociedad se muestran con sutileza. Son entretenimientos, riqueza y belleza. Son estatus, viajes y tecnología. Pueden ser cosas buenas llevadas demasiado lejos, o creaciones que están tomando el lugar del Creador. Los niños, el trabajo o el éxito pueden convertirse en un ídolo.

Confía únicamente en mí. Yo soy el Dios de Abraham, Isaac y Jacob. Soy el mismo ayer, hoy y mañana. Soy el Padre, el Hijo y el Espíritu Santo. He venido para que tengas vida abundante, eterna y libre.

No den culto a los ídolos ni se hagan dioses de metal fundido. Yo soy el Señor, su Dios.
LEVÍTICO 19.4 BLPH

Descansa en mí

Cada día tienes la oportunidad de empezar de nuevo, una oportunidad de centrarte en mí y darme el control. Sé que te duele el corazón. Sé que algunos días lo máximo que puedes hacer es apenas salir de la cama. Buscas controlar las pocas cosas que quedan en tu vida y que crees que puedes.

Es agotador vivir de esa manera. No quiero que estés agotada, trajinando día y noche, trabajando duro para mantener sola tu existencia. Quiero que descanses. Quiero que renuncies al control y que pongas tu fe en mí. Trata de confiar en mí en la próxima ocasión. Con el tiempo, cuando me veas viniendo a por ti, podrás confiar en mí por una hora y luego por un día.

Soy digno de confianza. Ya lo verás.

Confía plenamente en el Señor
y no te fíes de tu inteligencia.
Cuenta con él en todos tus caminos
y él dirigirá tus senderos.
PROVERBIOS 3.5–6 BLPH

Abraza la tormenta

Como ser humano, estás limitada en tu capacidad de entendimiento. Lo que puede parecer que es lo peor que te puedas imaginar puede terminar siendo lo mejor para ti.

Yo he usado la lluvia para bendecir y maldecir, ¿verdad? Lo mismo sucede con las tormentas de tu vida. Están permitidas por mi mano. Ninguna tormenta puede tocarte, excepto las que yo permita.

Sé que estar en medio de una tormenta asusta, pero, si sabes que estás en mi mano, no tienes nada que temer. Abraza la tormenta lo mejor que puedas. Pídeme que te lleve a través de ella. No te resistas. Puede ser que el camino que atraviesa el centro de tu actual tormenta sea el camino hacia la paz.

Son las pruebas de tu vida las que te forman y te hacen madurar, desarrollan tu carácter y hacen que tu fe se profundice.

Es [Dios] quien hace que descargue
sobre su tierra el nubarrón,
como azote o bien como favor.
JOB 37.13 BLPH

Abraza la tormenta lo mejor
que puedas. Pídeme que te lleve
a través de ella. No te resistas.
Puede ser que el camino
que atraviesa el centro de tu
actual tormenta sea el camino
hacia la paz.

Levántate

Cuando te despiertas y todavía está oscuro afuera, yo estoy presente. Cuando te voltees, mira hacia mí. Nunca es demasiado temprano ni demasiado tarde. Yo no duermo ni me acuesto. Siempre te estoy cuidando, siempre estoy aquí.

A veces te despierto. Te llamo para que leas mi Palabra, para que me busques en oración, para que me encuentres de madrugada cuando todo está tranquilo y en calma. Si sientes que te estoy llamando, levántate como lo hizo el joven Samuel. Él pensó que era Elí quien lo llamaba, pero era yo, su Dios.

Tal vez no oigas mi voz literalmente, pero la sentirás en tu espíritu. Presta atención al llamado. Puede que tenga algo para animar tu corazón, que te perderás si no respondes de inmediato, aunque tengas que sacrificar el dormir un poco menos.

Muy de mañana me levanto a pedir ayuda;
en tus palabras he puesto mi esperanza.
En toda la noche no pego los ojos,
para meditar en tu promesa.
Salmos 119.147–148 nvi

Corre hacia mí

Un día, el dolor será cosa del pasado. Apenas lo recordarás y nunca más experimentarás su peso. En el cielo, la muerte y el dolor dejarán de existir. No habrá más lágrimas.

Pero aquí hablo del futuro cuando estés conmigo en la gloria. Esta no es tu experiencia humana. Las pérdidas que has sufrido no son un asunto menor. Te han herido hasta la médula y te han hecho cuestionar mi amor por ti. Ten la seguridad de que no he retirado mi mano de tu vida. Te amo con todo mi corazón y siempre lo haré.

Corre hacia mí en tu dolor, no te alejes de mí. En tu llanto, tú eres débil, pero en tu debilidad, yo soy fuerte. Quiero ser tu fuerza y tu consuelo.

Él les enjugará toda lágrima de los ojos.
Ya no habrá muerte, ni llanto, ni lamento
ni dolor, porque las primeras cosas
han dejado de existir.
APOCALIPSIS 21.4 NVI

En tu quebrantamiento

Cuando estabas escondida en el vientre de tu madre, tu pequeño corazón latía fuerte y lleno de vida. Yo protegí ese corazón y lo preparé para el frío y espantoso mundo al que pronto se enfrentaría. Entraste en un mundo caído el día que naciste. En él encontrarás cosas que te romperán el corazón. Me encantaría mantenerte alejada de esto, pero, por razones que no puedes entender ahora mismo, lo permito.

Me hiere cuando uno de mis hijos tiene el corazón roto. No me gusta ver heridos a aquellos que el Padre me ha confiado. Me conmueven tus gritos desgarradores y tu sombrío semblante donde una vez me deleité con tu sonrisa. Me duele cuando te duele.

Me acercaré a ti en tu quebrantamiento. Yo soy el guardián que viene a rescatarte cuando tu espíritu está aplastado. Es posible que tengas el corazón roto más de una vez en esta vida, pero nunca lo llevarás sola.

Gritan y el Señor los escucha,
de todas sus angustias los libra.
SALMOS 34.18 BLPH

Llevarte

Hagamos un intercambio, tú y yo. ¿Qué te parece? Tú me das tus cargas y a cambio yo te doy descanso.

A veces te convences a ti misma de que tienes algo que demostrar. Crees que debes hacerlo todo por tu cuenta. Pero nadie te ha llamado a ser una superheroína. Nadie espera lo sobrenatural de ti. Solo hay un límite que un alma puede soportar.

¿No es hora de descansar? ¿No te apetece, hija? Déjame encargarme de esto. Deja tu carga. Yo te tengo cubierta. De hecho, no solo llevaré tus cargas, sino que también te llevaré *a ti*. Es hora de que encuentres un poco de descanso para tu alma. Permíteme ser tu descanso.

¡Vengan a mí todos los que están cansados
y agobiados, y yo les daré descanso!
¡Pongan mi yugo sobre ustedes y aprendan
de mí, que soy sencillo y humilde de corazón!
Así encontrarán descanso para su espíritu.
MATEO 11.28–29 BLPH

Estaciones

Puedes llorar por la noche, pero el gozo llega por la mañana. Siempre hay alivio para la pena. Incluso después de la noche más oscura, siempre hay un nuevo amanecer. Aunque el trueno sea tan fuerte que te sacuda hasta el alma, todas las tormentas pasarán.

Te amo demasiado como para dejarte en el dolor. Vendré a ti. A su debido tiempo, esta prueba actual será un recuerdo lejano. Aunque puedas tener algunas cicatrices de la batalla, ya no estarás en primera línea luchando por tu próximo aliento.

Hay un tiempo para todo, y no te quedarás en esta estación para siempre. Así como permito la dureza del invierno, también existe la promesa de la primavera.

Ten fe. Este período de dificultad dará paso al gozo nuevamente con el tiempo.

El Señor nos ha rechazado,
pero no será para siempre.
Nos hace sufrir, pero también nos compadece,
porque es muy grande su amor.
El Señor nos hiere y nos aflige,
pero no porque sea de su agrado.
LAMENTACIONES 3.31–33 NVI

Hay un tiempo para todo, y
no te quedarás en esta estación
para siempre. Así como permito
la dureza del invierno, también
existe la promesa de la primavera.

Sin límites

Cuando sientas que has perdido la batalla, recuerda que yo te he declarado «más que vencedora».

Nada que puedas hacer ni nada que te puedan hacer es más fuerte que mi amor. Yo soy más poderoso que cualquier golpe en tus fibras sensibles, más que cualquier lucha en tu lealtad. Los demonios huyen ante la mención de mi nombre. No tienen elección. Mi gracia se derrama y te inunda. No hay límite a mi favor y a mi perdón para aquellos a los que he llamado míos.

Cuando te sientas sola, rechaza ese sentimiento de decepción. Nada puede separarte de mi amor.

Sin embargo, en todo esto somos más que vencedores por medio de aquel que nos amó. Pues estoy convencido de que ni la muerte ni la vida, ni los ángeles ni los demonios, ni lo presente ni lo por venir, ni los poderes, ni lo alto ni lo profundo, ni cosa alguna en toda la creación podrá apartarnos del amor que Dios nos ha manifestado en Cristo Jesús nuestro Señor.
Romanos 8.37–39 nvi

Estar ahí

Debes perdonar como has sido perdonada y amar como has sido amada. Lo más importante es que debes consolar a los demás de la misma manera en que tú has recibido consuelo.

Recuerda mi mano sobre tu rostro cansado. Cuando te encuentres con otra alma cansada, estate ahí. No tienes que decir las palabras correctas. Solo tienes que presentarte como yo me he presentado ante ti.

Me encanta reconfortarte. Me encanta ver las comisuras de tus labios levantarse ligeramente para formar el comienzo de una sonrisa.

Cuando hayas encontrado de nuevo tu camino, mira a izquierda y a derecha en el estrecho sendero que recorres. Cuando veas a alguien luchando como tú has luchado, estate ahí.

Toda la alabanza sea para Dios, el Padre de nuestro Señor Jesucristo. Dios es nuestro Padre misericordioso y la fuente de todo consuelo. Él nos consuela en todas nuestras dificultades para que nosotros podamos consolar a otros. Cuando otros pasen por dificultades, podremos ofrecerles el mismo consuelo que Dios nos ha dado a nosotros.
2 Corintios 1.3–4 ntv

Fiel a mi Palabra

Quiero ser suficiente para ti. Anhelo que descanses en mí y confíes en mí únicamente por este día, esta hora, este momento. Puede parecer que te he dejado sola, pero no es así. He prometido no dejarte ni abandonarte nunca, y siempre soy fiel a mi Palabra.

El mundo te pide a gritos que deseches la prudencia y hagas lo que te haga feliz. Te dice que las cosas deben suceder al instante, que el éxito llega de la noche a la mañana. Estos no son mis caminos. A menudo, yo trabajo entre bastidores. Mi horario no es el mismo que el tuyo. Confía en mí. No me he olvidado de ti.

Mi gracia es suficiente para ti en este día. Confía en mí.

Y me ha dicho: Bástate mi gracia;
porque mi poder se perfecciona en la debilidad.
Por tanto, de buena gana me gloriaré más bien
en mis debilidades, para que repose sobre mí
el poder de Cristo.
2 Corintios 12.9 RVR1960

Sigue creyendo

Mantén el rumbo, hija mía. No te desvíes ni a la izquierda ni a la derecha. Mantente fuerte en tu fe. Reconoce que soy bueno y que solo quiero lo mejor para ti. Te he dado vida abundante y eterna a través de tu fe. Yo soy el Camino, la Verdad y la Vida. Nadie llega a Dios si no es a través de mí.

No eres de este mundo, pero estás en él. Eres extranjera en una tierra que tiene muchas trampas y engaños del maligno. Aunque debes existir en el mundo, tu sustento diario lo tienes gracias a mí. Me perteneces. Sigue creyendo. Sigue buscándome. Yo siempre estoy aquí, nunca te abandonaré.

Pero deben seguir creyendo esa verdad y
mantenerse firmes en ella. No se alejen
de la seguridad que recibieron cuando oyeron
la Buena Noticia. Esa Buena Noticia ha sido
predicada por todo el mundo, y yo, Pablo, fui
designado servidor de Dios para proclamarla.
COLOSENSES 1.23 NTV

La esperanza es eterna

Tendrás problemas en este mundo. No te he prometido una vida sin problemas. Pero te aseguro mi presencia a lo largo del camino.

Estás desarrollando perseverancia gracias tu lucha actual. Tu carácter se está fortaleciendo. Sufrirás por un tiempo, pero tienes la esperanza eterna en mí. Nunca estarás sin esperanza. Como creyente, no estás desanimada, sino esperanzada. Confía en mí para superar esta prueba y salir por el otro lado. Tienes el don del Espíritu Santo, el Consolador y Consejero. Encuentra la esperanza en el Espíritu de Dios. Esa es una esperanza que nunca te abandonará.

Es más, hasta de las dificultades nos sentimos orgullosos, porque sabemos que la dificultad produce constancia, la constancia produce una virtud a toda prueba, y una virtud así es fuente de esperanza. Una esperanza que no decepciona, porque al darnos el Espíritu Santo, Dios nos ha inundado con su amor el corazón.
ROMANOS 5.3–5 BLPH

Mi nombre

Cuando no puedas orar, simplemente pronuncia mi nombre. Hay poder en el nombre de tu Salvador. Di mi nombre, *Jesús*, y me acercaré. Te consolaré. Yo pelearé tus batallas por ti, y te daré descanso.

Siempre soy fiel, cariñoso y veraz. Algunas personas buscan el éxito y la satisfacción en el mundo. Buscan la próxima emoción, la siguiente aventura. Algunas van de relación en relación, buscando el amor. Otras tratan de encontrar su valor en el dinero y las posesiones. Tú te has librado de esto. Has encontrado la verdadera paz, la verdadera esperanza. La has encontrado a través de tu camino conmigo.

Cuando no tengas otras palabras, di mi nombre. Mi gracia es más que suficiente para ti. En toda circunstancia, yo siempre soy suficiente.

Por eso Dios lo exaltó hasta lo sumo y le otorgó
el nombre que está sobre todo nombre, para que
ante el nombre de Jesús se doble toda rodilla
en el cielo y en la tierra y debajo de la tierra,
y toda lengua confiese que Jesucristo es el Señor,
para gloria de Dios Padre.
FILIPENSES 2.9–11 NVI

Gran deleite

Me deleito en tu alabanza, hija. Me encanta oírte cantar y alabar mi nombre. Las canciones más dulces son las que cantas cuando tu corazón está sufriendo. Eliges alabarme en medio de la tormenta en lugar de esperar a que salga el sol de nuevo. Mientras la tempestad arrecia, tú me llamas. Recuerdas que me perteneces. Me das gloria incluso cuando estás sufriendo.

No tengas miedo de confiar en mí y alabarme, incluso cuando no tengas ganas. Los sentimientos van y vienen, pero yo soy constante. Soy el mismo ayer y hoy. Mañana, y al día siguiente, y después, te seguiré amando más de lo que puedas imaginar. Elige alabarme tanto en los días buenos como en los malos. Te amo, hija.

> *¿Por qué voy a inquietarme?*
> *¿Por qué me voy a angustiar?*
> *En Dios pondré mi esperanza*
> *y todavía lo alabaré.*
> *¡Él es mi Salvador y mi Dios!*
> SALMOS 42.5 NVI

No tengas miedo de confiar en mí y
alabarme, incluso cuando no tengas
ganas. Los sentimientos van y
vienen, pero yo soy constante. Soy
el mismo ayer y hoy.

En cualquier circunstancia

¿Te falta algo? Pequeña, esta es la condición humana. Siempre habrá un deseo insatisfecho. Tan pronto como una bendición llega a tu vida, comienzas a notar otra área que no es como quisieras.

El secreto es aprender a alabar a tu Dios en cualquier circunstancia. El apóstol Pablo lo aprendió. Estaba contento en cualquier situación, tanto si tenía abundancia como si sufría necesidades.

Sé que la vida no es como la imaginabas. Quiero llenar los vacíos con mi paz, tanto que mires hacia arriba y te des cuenta de que, aunque tus circunstancias no hayan cambiado, tu corazón sí. Déjame entrenar tu corazón para que esté contento.

Aunque la higuera no florezca,
Ni en las vides haya frutos,
Aunque falte el producto del olivo,
Y los labrados no den mantenimiento,
Y las ovejas sean quitadas de la majada,
Y no haya vacas en los corrales;
Con todo, yo me alegraré en Jehová,
Y me gozaré en el Dios de mi salvación.
HABACUC 3.17–18 RVR1960

Lo que necesitas

Esperar es difícil, ¿verdad? Es difícil esperar lo que no puedes ver. En tu temporada de espera, debes saber que te estoy haciendo crecer y te estoy preparando. Te estoy fortaleciendo.

Es tentador comparar tu vida con la de otros. Resiste a esta tentación, hija. No has caminado en los zapatos de otro. No conoces sus luchas internas. Nadie tiene una vida perfecta. Hay huecos en cada corazón que solo pueden ser llenados por mi presencia.

A veces la respuesta a tus oraciones es un sí, y otras veces te digo que no. Otras veces te pido que esperes. A menudo tengo un regalo especial reservado para ti al final de la espera. Aférrate a mis promesas y confía en mí. Yo no retengo ningún regalo bueno y perfecto. Te doy lo que necesitas cuando lo necesitas.

Aguarda a Jehová;
Esfuérzate, y aliéntese tu corazón;
Sí, espera a Jehová.
SALMOS 27.14 RVR1960

Mi amada

No eres una esclava del miedo. Estás marcada con el Espíritu Santo, lo que te convierte en una hija de Dios. Cuando el miedo empiece a entrar en tu mente, reconoce lo que es. El miedo es el intento de Satanás de hacerte creer que tu Dios es pequeño, en lugar del Rey de la Gloria. El miedo comienza siendo pequeño y, si le permites echar raíces, crecerá como la hiedra, apoderándose de tu corazón. Córtalo cuando lo reconozcas en el primer momento. Pronuncia mi nombre sobre él. Llámalo por su nombre: una mentira del pozo del infierno.

Recuerda que eres de los míos. Has sido adoptada en la familia de Dios. Escríbelo. Dilo en voz alta. Reclama tu identidad en el Señor de señores. Fuiste justificada a través de mi muerte en la cruz. Eres mi amada y no tienes absolutamente nada que temer.

Pues no habéis recibido el espíritu de esclavitud para estar otra vez en temor, sino que habéis recibido el espíritu de adopción, por el cual clamamos: ¡Abba, Padre!
ROMANOS 8.15 RVR1960

En el momento

Cuando miras hacia atrás, te invade el arrepentimiento. Cuando miras hacia adelante, el miedo te abruma. Cuando pasas demasiado tiempo concentrándote en el pasado o en el futuro, te pierdes las bendiciones que quiero darte en este momento.

Yo soy el Redentor de tu pasado. Nada de lo que has hecho es demasiado grande para que yo no lo perdone. He echado tu pecado tan lejos como el oriente está del occidente. No vale la pena darles vueltas a las cosas una y otra vez en tu mente. Yo no me detengo en tu pasado. Estoy mirando a una hija redimida del Dios vivo. Estoy entusiasmado por el camino que vamos a recorrer juntos.

El futuro es brillante para ti. Te he prometido los buenos planes que tengo para tu vida. Confía en esto. Confía en mí. Yo soy el Redentor del tiempo perdido.

> *Y os restituiré los años que comió la oruga,*
> *el saltón, el revoltón y la langosta,*
> *mi gran ejército que envié contra vosotros.*
> JOEL 2.25 RVR1960

Atesorada y amada

Me encantan las manchas del guepardo y las rayas de la cebra. Los árboles son gloriosamente verdes en primavera, y me encanta vestirlos de colores rojos y amarillos en otoño. Pero ninguna otra creación se puede comparar con el ser humano. La humanidad es mi obra maestra, creada a mi imagen y semejanza.

Tú, hija mía, me das una gran alegría. Me encanta ver cómo pasas tus días. Me maravilla la forma en que utilizas las habilidades que te he dado. Eres una delicia para mí.

En tu día más oscuro, en tu hora más difícil, recuerda que yo te he creado, que he soplado mi vida dentro de ti. Eres valorada y amada. Nunca estás sola ni abandonada. Te amo más allá de cualquier concepto de amor que tengas. No espero que seas perfecta, y estoy aquí para ayudarte a empezar de nuevo cuando te equivoques. Toma mi mano, sabes que siempre estoy aquí para ti.

Pues somos la obra maestra de Dios. Él nos creó de nuevo en Cristo Jesús, a fin de que hagamos las cosas buenas que preparó para nosotros tiempo atrás.
Efesios 2.10 ntv

No espero que seas perfecta, y
estoy aquí para ayudarte a empezar
de nuevo cuando te equivoques.
Toma mi mano, sabes que siempre
estoy aquí para ti.

Poder

Hay poder en mi Palabra. Puedes leerla y estudiarla toda tu vida, y sin embargo nunca entender completamente su poder. El poder se encuentra en la meditación de mi Palabra. Dale vueltas en tu mente. Lucha con ella. Mastícala; deja que se digiera, convirtiéndose lentamente no solo en palabras, sino en parte de ti. Medita en mis verdades, hija. Aférrate a mis promesas. Interioriza las Escrituras como si tu vida dependiera de ellas... porque así es.

Habrá un día en que los creyentes serán perseguidos de una manera más grande de lo que jamás se ha experimentado. Escribe mi Palabra en tu corazón para que estés preparada cuando otros vengan contra ti. Conoce mi Palabra para que reconozcas a los falsos maestros y doctrinas cuando se te presenten.

El poder de mi Palabra puede cambiar tu día en un instante. Aprovecha esa fuente de poder el día de hoy.

Recita siempre el libro de la ley y medita en él de día y de noche; cumple con cuidado todo lo que en él está escrito. Así prosperarás y tendrás éxito.
JOSUÉ 1.8 NVI

Tu sanador

Ella extendió la mano para tocar el borde de mi manto. Cuánta fe tenía esa mujer. Había sufrido una enfermedad hemorrágica durante doce largos años y estaba desesperada. Supo que yo era el Hijo de Dios. Sabía que yo había curado a otros. Ella creyó.

Al instante supe que me había tocado. Se curó al momento. Fue su fe la que la hizo sanar.

¿Qué carga llevas? ¿Qué es lo que soportas? ¿Has perdido algo que te daba mucha gozo? ¿La ira se ha apoderado de tu mente y tu corazón? ¿Crees que soy lo suficientemente poderoso para sanar tu corazón herido? Lo soy.

Acércate, hija mía. Toca el borde de mi manto. Estoy esperando ser tu Sanador.

*Cuando oyó hablar de Jesús, se le acercó
por detrás entre la gente y le tocó el manto.
Pensaba: «Si logro tocar siquiera su ropa,
quedaré sana». Al instante cesó su hemorragia,
y se dio cuenta de que su cuerpo
había quedado libre de esa aflicción.*
MARCOS 5.27–29 NVI

Siempre con razón

Mis pensamientos y caminos son más altos que los tuyos. No trates de entenderlo, ahora no puedes.

María me cuestionó. Ella sabía que yo amaba a Lázaro y que podía haber evitado su muerte, pero... no lo hice. Se preguntó por qué no vine antes.

Sé que puedes sentir como si te hubiera abandonado cuando permito la tragedia o la pérdida en tu vida.

Créeme que, cuando te sientes olvidada, ese pensamiento está muy lejos de la realidad.

No siempre hago lo que tú deseas, pero mis caminos son siempre correctos. Encuentra esperanza en el hecho de que siempre soy puntual, nunca llego ni tarde ni temprano. Actúo y me abstengo de actuar. Sano y permito la enfermedad. Proporciono un nuevo aliento... hasta que me llevo a cada uno de mis hijos a casa, al cielo.

¿Dónde estoy cuando pasan cosas malas? Estoy ahí contigo, pequeña.

Cuando María llegó y vio a Jesús,
cayó a sus pies y dijo:
—Señor, si tan solo hubieras estado aquí,
mi hermano no habría muerto.
JUAN 11.32 NTV

En los puntos brillantes

Los leprosos eran condenados al exilio, evitados y temidos. Sin embargo, yo los toqué. Sus lesiones se curaron y volvieron a ser libres para vivir con los demás. Recibieron una nueva vida. Solo uno volvió a darme las gracias aquel día. Solo uno de los diez hombres que fueron sanados.

¿Tú me das las gracias, pequeña? ¿Te diriges a mí cuando respondo a tus oraciones?

Yo satisfaré tus necesidades. Nada es tan grande ni tan pequeño como para que yo no me ocupe de ello. Búscame en las pequeñas cosas: ese amigo que te tendió la mano en el momento justo. Tu compañero de trabajo que te ayudó en el día que más lo necesitabas. Estoy en los momentos de alivio. Estoy en las bendiciones y en los puntos brillantes.

Encuéntrame allí. Dame las gracias, hija. Sé como el leproso que regresó, el que reconoció la fuente de su curación.

Uno de ellos, cuando vio que estaba sano,
volvió a Jesús, y exclamó: «¡Alaben a Dios!».
LUCAS 17.15 NTV

Sanación

¿Qué carencia tienes? ¿Qué inseguridad te atormenta desde hace tanto tiempo que ni siquiera puedes encontrar su origen?

El ciego del estanque de Siloé no podía ver. Nació así, pero yo lo curé. Vino a mí y le di instrucciones, que él siguió. Siguió mis instrucciones con fe. Confió en mí.

Llámame. Búscame. Todavía sigo dedicándome a sanar. Anhelo quitarte todo lo que te atormenta, todo lo que te limita y te retiene. Anhelo sanarte de las heridas, los hábitos y las ataduras que se han convertido en fortalezas en tu vida.

En este caso, no puedo ponerte barro en los ojos ni enviarte a un río. Tal vez tu herida se encuentre en tu corazón y no en una discapacidad física. Yo también soy Sanador del corazón, hija. Entrégame tu carga y confía en mí. La curación está más cerca de lo que imaginas.

Él les dijo:
—El hombre al que llaman Jesús hizo lodo,
me lo untó en los ojos y me dijo:
«Ve al estanque de Siloé y lávate». Entonces fui,
me lavé, ¡y ahora puedo ver!
JUAN 9.11 NTV

Entrégame tu carga y confía
en mí. La curación está más
cerca de lo que imaginas.

Suficiente

Así como llamé al recaudador de impuestos para que bajara del sicómoro, ahora te llamo a ti, hija. Quiero tener comunión contigo.

No me preocupa tu pecado. Yo había muerto por ti cuando aún eras una pecadora. Yo cubrí todo tu pecado: pasado, presente y futuro. Mi sangre fue suficiente.

No necesitas ocultarme nada. Yo puedo ayudarte con las áreas de tu vida de las que no estás orgullosa, las adicciones de las que no te puedes librar y el pecado que te enreda.

Si no te sientes bien, recuerda a Zaqueo. Era un delincuente, un ladrón entre los hombres, pero me encontré con él donde se encontraba. Lo bajé del árbol y caminé con él a casa ese día.

No tienes que ser suficiente. Yo soy tu suficiencia. Mi gracia es suficiente.

Mientras tanto, Zaqueo se puso de pie
delante del Señor y dijo:
—Señor, daré la mitad de mi riqueza
a los pobres y, si estafé a alguien
con sus impuestos, le devolveré
cuatro veces más.
LUCAS 19.8 NTV

Acepta la respuesta

Lo sé todo sobre la oración ferviente. Yo oré a mi Padre desde Getsemaní. Le pedí a gritos que pasara de mí la copa. ¿Había otro camino? ¿Había una salida? ¿Podría ponerse en marcha otro plan? Si es así, quería que él me salvara en esos momentos.

Oré mucho aquella noche en el jardín. Ansiaba que Dios alterara el plan de salvación, pero no estaba previsto. Él respondió a mi oración. La copa era mía. La respuesta fue que yo era el Cordero, la provisión para que la humanidad se reconciliara con Dios. Yo estaba dispuesto, no tuve que ser arrastrado. Fui al Calvario por mi propia voluntad. Respondí a la llamada y cumplí la profecía. Morí por toda la humanidad.

Cuando parezca que no respondo a tus oraciones, debes saber que sí lo hago. Ora por mi voluntad y acepta la respuesta. No siempre entenderás, pero puedes elegir aceptar.

Pero, como estaba angustiado,
se puso a orar con más fervor,
y su sudor era como gotas de sangre
que caían a tierra.
Lucas 22.44 nvi

Cuando vienes a mí con
peticiones, a veces puede parecer
que no respondo, pero siempre
escucho tus oraciones,
y siempre respondo.

Mucho más

No podía caminar. Lo bajaron en una camilla a través del techo y lo presentaron ante mí. Sus amigos amaban a este hombre afligido lo suficiente como para encontrar una manera de acercarlo a mí a través de la multitud. Fue asombroso. La petición fue que yo hiciera caminar a este hombre cojo.

Hice mucho más que eso: también perdoné sus pecados. Los fariseos y los maestros de la ley se horrorizaron de que yo hiciera eso, afirmando ser el Hijo de Dios. Pero no podía limitarme a sanar su cuerpo y permitir que su espíritu permaneciera oscuro y separado de mi Padre.

Cuando vienes a mí con peticiones, algunas veces puede parecer que no respondo, pero siempre escucho tus oraciones, y siempre respondo. A veces puedo estar trabajando en tu espíritu, que es mucho más importante para mí que tus necesidades físicas temporales. Confía en mí. Anhelo traerte la curación, hija, de todas las maneras que puedas imaginar, y más allá.

Al ver Jesús la fe de ellos, le dijo al paralítico:
—Hijo, tus pecados quedan perdonados.
MARCOS 2.5 NVI

Hablar vida

Ese viejo dicho sobre los palos y las piedras no es cierto, ¿verdad? Las palabras hacen daño. De pequeña cantabas que «las palabras nunca me harán daño», pero ya entonces sabías que no era verdad. Las palabras desagradables penetran en el núcleo de tu ser, y algunas permanecen en tu memoria durante mucho, mucho tiempo.

Cuando las palabras de alguien te hieran, trata de pensar en el corazón del que habla. ¿Está herido? ¿Está inseguro? Muchas veces, cuando alguien destroza a otra persona, este es el caso.

Puede ayudar un poco el hecho de considerar el corazón herido detrás de las palabras hirientes. Es difícil poner la otra mejilla. A veces es casi imposible perdonar. Pero es mi llamado sobre tu vida. Es mi camino, el camino del perdón.

Hoy, elige usar tus palabras para hablar vida y no muerte en la vida de los demás. Cuando te hablen con dureza, ora por quien te hiere con sus palabras.

El charlatán hiere con la lengua
como con una espada,
pero la lengua del sabio brinda alivio.
PROVERBIOS 12.18 NVI

Nadie demasiado bueno

¿Recuerdas cómo expulsé los demonios de los poseídos? Se los quité a un hombre llamado Legión, y los eché a una piara de cerdos cercana que luego corrió despavorida al agua y se ahogó.

¿Hay alguna fortaleza en tu vida de la que no puedes liberarte? No hay ningún demonio, ninguna fortaleza, ningún poder demasiado grande para impedirme conquistar tu vida. Cédeme el control. Pídeme que elimine lo que sea que te impida. Quiero que corras la carrera libremente. Quiero que estés libre de las ataduras del pecado y de las mentiras de Satanás.

El nombre de Legión se debe a que «eran muchos», pero yo demostré que no eran demasiados para mí. Yo soy tu poderoso Salvador, y estoy listo para luchar contra los demonios en tu vida también.

*Ahora bien, el hombre de quien habían salido
los demonios le rogaba que le permitiera acompañarlo,
pero Jesús lo despidió y le dijo:
—Vuelve a tu casa y cuenta todo lo que Dios
ha hecho por ti.
Así que el hombre se fue y proclamó por todo el pueblo
lo mucho que Jesús había hecho por él.*
LUCAS 8.38–39 NVI

Por el bien

La gente te decepcionará. Incluso los que tienen las mejores intenciones son humanos. Aprende a aceptar que las personas que amas tienen defectos, igual que tú. Incluso tus amigos y familiares cristianos están en una batalla constante entre el espíritu y la carne. A veces gana uno y a veces el otro.

Abstente de llevar un registro de agravios. El amor es rápido para perdonar. Recuerda que los que perdonan a otros serán a su vez perdonados por su Padre celestial. Ya que eres portadora de la gracia, sé generosa también con la misericordia.

No te pido que permitas el abuso. Establece límites cuando lo necesites, para evitar resultar herida repetidamente por el mismo individuo. Pero recuerda que la gente, a veces, te hará daño. Es inevitable. Elige buscar lo bueno en todos, incluso en aquellos que te decepcionan.

*Porque las desordenadas apetencias humanas
están en contra del Espíritu, y el Espíritu está
en contra de tales apetencias. El antagonismo es tan
irreductible, que les impide hacer
lo que ustedes desearían.*
Gálatas 5.17 blph

Provisión

¿Te preocupan tus finanzas? Sé que parece que nunca hay suficiente dinero. Deja tus cargas financieras en mi trono. Trabaja duro y evita las deudas innecesarias. Deja el resto en mis manos. ¿Recuerdas cuántas veces en el pasado el dinero ha aparecido en el momento justo?

Si sientes que estás empezando a mirar al dinero o a las cosas materiales más que a mí, ten cuidado. El amor al dinero puede ser una trampa sutil. No puedes servir a dos amos. Estás en el mundo, pero, como hija mía, no eres de él. Solo estás de paso. El cielo es tu hogar.

Día a día te proporcionaré lo necesario. Pídeme el pan de cada día. Yo me ocupo de todos los aspectos de tu vida, incluso de tu dinero. Yo puedo proveer. Confía en mí.

Manténganse libres del amor al dinero,
y conténtense con lo que tienen,
porque Dios ha dicho:
«Nunca te dejaré;
jamás te abandonaré».
HEBREOS 13.5 NVI

La voluntad de Dios es siempre
la mejor para ti. No es nunca
la segunda mejor ni un plan de
reserva.

Lo mejor para ti

Cuando sientes que no puedes orar, lo entiendo, hija. Esta es una reacción común cuando la persona está dolida.

Sabes que soy uno con el Padre y con el Espíritu. De manera misteriosa, somos tres y, sin embargo, uno y el mismo. El trabajo del Espíritu Santo es interceder por ti. El Espíritu lleva tus necesidades ante el Padre de acuerdo con su voluntad.

La voluntad de Dios es siempre la mejor para ti. No es nunca la segunda mejor ni un plan de reserva. El Espíritu Santo conoce tus pensamientos y lleva tus necesidades ante Dios. Solo di mi nombre. Solo descansa y permite que el Espíritu obre por ti.

Así mismo, en nuestra debilidad el Espíritu
acude a ayudarnos. No sabemos qué pedir,
pero el Espíritu mismo intercede por nosotros
con gemidos que no pueden expresarse
con palabras. Y Dios, que examina
los corazones, sabe cuál es la intención
del Espíritu, porque el Espíritu intercede
por los creyentes conforme
a la voluntad de Dios.
ROMANOS 8.26–27 NVI

La gloria del cielo

La vida que vives en la tierra es temporal. Cuando pases por el velo hacia el otro lado, experimentarás la gloria del cielo. Entonces verás plenamente lo que ahora solo puedes comprender parcialmente.

En medio de tu prueba actual, recuerda que tu dolor es temporal, pero tu vida es eterna. Tu sufrimiento no te parecerá nada cuando entres en la magnífica mansión del cielo que he ido a preparar para ti.

Algunos días te preguntas si vale o no la pena el camino cristiano, el camino estrecho. Vale la pena. En un abrir y cerrar de ojos, un día la gloria será revelada y ya nunca mirarás atrás hacia tu vida en la tierra, donde las cosas eran imperfectas y se rompían. Cuando estés en el paraíso conmigo, todas las cosas estarán bien. Por ahora, confía en mi y permite que yo te dirija a través de esta prueba.

De hecho, considero que en nada se comparan
los sufrimientos actuales con la gloria
que habrá de revelarse en nosotros.
ROMANOS 8.18 NVI

El gozo del cielo

Cuando el mundo te golpee, mira hacia arriba. Los cielos declaran la gloria del Señor. Puedes encontrarme en los cielos azules de nubes blancas y esponjosas. Sientes que estoy cerca cuando miras el cielo nocturno, con cada estrella colocada en su sitio perfectamente.

Era necesario que yo muriera por tus pecados. Era el plan de Dios porque el pecado no puede entrar en su gloriosa presencia, y él quería que conocieras el gozo del cielo.

Estoy preparando un lugar para ti en la gloria. Yo no te mentiría. Anhelo el día en que pueda volver a por ti. Hasta entonces, mira hacia arriba.

En el hogar de mi Padre hay muchas viviendas; si no fuera así, ya se lo habría dicho a ustedes. Voy a prepararles un lugar. Y, si me voy y se lo preparo, vendré para llevármelos conmigo. Así ustedes estarán donde yo esté. Ustedes ya conocen el camino para ir adonde yo voy.
JUAN 14.2–4 NVI

Mantén el rumbo

El trabajo puede ser decepcionante. Puedes sentirte como si estuvieras estancada haciendo una tarea sin sentido día tras día. Tal vez te preguntes por qué elegí dejarte ahí y no ponerte en otro puesto.

Recuerda que cada día estás haciendo el trabajo que se te ha encomendado. Estás en esta posición por una razón. Te encontrarás con personas con las que puedes compartir el evangelio, con personas que necesitan ánimo y con aquellas que necesitan sentir mi amor. Puedes amar a la gente con la que trabajas y a los que pasan por tu lugar de trabajo, de una manera única, porque tú eres única.

Como cristiana, no estás trabajando solo para un supervisor terrenal, estás trabajando para mí. Entrega siempre lo mejor de ti. Mantén el rumbo. Yo te recompensaré al final.

Pongan el corazón en lo que hagan,
como si lo hicieran para el Señor
y no para gente mortal. Sepan que el Señor
les dará la herencia eterna como premio
y que son esclavos de Cristo, el Señor.
Colosenses 3.23–24 BLPH

Acércate

Nunca he pecado, pero entiendo perfectamente la tentación. Soy enteramente Dios y, sin embargo, también fui enteramente hombre. Caminé por la tierra durante treinta y tres años. No fue un viaje fácil desde el pesebre hasta la cruz, hija. Conozco el agotamiento y el desánimo. Conozco la decepción y la pérdida.

Puedes acudir a mí en cualquier momento, de día o de noche. Siempre estoy aquí para escucharte, y es con empatía, más que con simpatía, como puedo consolarte.

En lugar de recurrir a otros o a los placeres mundanos para distraer o adormecer tu dolor, acércate a mí. Yo he estado allí y te ayudaré.

Y ya que contamos con un sumo sacerdote excepcional que ha traspasado los cielos, Jesús, el Hijo de Dios, mantengámonos firmes en la fe que profesamos. Pues no tenemos un sumo sacerdote incapaz de compadecerse de nuestras debilidades; al contrario, excepto el pecado, ha experimentado todas nuestras pruebas.
HEBREOS 4.14–15 BLPH

Ven con valentía

Cuando vengas a pedirme ayuda, ven con valentía.
Tú eres mi tesoro. Te he salvado de las tinieblas y te
he sacado a la luz. No quiero nada más que proporcionarte la gracia, la misericordia y la fuerza que
necesitas hoy.

No tienes que agachar la cabeza por vergüenza. Mi sangre en el Calvario cubrió esa
vergüenza. Cuando te miro, veo la justicia. Yo
compré esa justicia para ti. Yo pagué un precio
muy alto en la cruz. ¿Recuerdas mis palabras?
«Consumado es». Ya me he ocupado de tu pecado. Eres mía para siempre.

Así que ven con confianza a tu Redentor. Corre y ven a mis brazos. Permanece en mi presencia.
Siéntate a los pies de mi trono y descansa tu cabeza
en mi regazo. Yo secaré las lágrimas de tus ojos. Te
daré valor y ayuda.

Así que acerquémonos confiadamente
al trono de la gracia para recibir misericordia
y hallar la gracia que nos ayude en el momento
que más la necesitemos.
HEBREOS 4.16 NVI

Descansa en la promesa

Pequeña, puedo ver que estás sufriendo. Incluso cuando los que te rodean creen que tu sonrisa es real, yo sé lo que realmente pasa en tu corazón. Siento tu miedo al futuro. Estoy ahí cuando das vueltas en la cama con preocupación durante la noche.

Tú eres más importante para mí que cualquier otra cosa en toda la creación. El ser humano es mi orgullo y alegría, mi obra maestra, mi mejor obra. Cuando hice al ser humano, le insuflé vida. Te creé a mi imagen y semejanza.

No soy un padre negligente. Te vigilo constantemente y con cuidado. Conozco el número de cabellos de tu cabeza. No se me escapa nada. He prometido no dejarte nunca. Descansa hoy en esa promesa.

¿No se venden dos gorriones por una monedita? Sin embargo, ni uno de ellos caerá a tierra sin que lo permita el Padre; y él les tiene contados a ustedes aun los cabellos de la cabeza. Así que no tengan miedo; ustedes valen más que muchos gorriones.

MATEO 10.29–31 NVI

Un grano de mostaza

Un padre me trajo a su hijo. El hijo tenía un espíritu impuro que le causaba horribles convulsiones. Esta era una carga de toda la vida. Le ocurría desde su infancia.

Cuando ese espíritu llegó a mi presencia, se volvió loco. El joven se agitó sin control. Fue una escena verdaderamente espantosa. Le pregunté a su padre si creía. La respuesta puede recordarte a tu propia fe. Dijo: «Creo», y justo después pronunció estas palabras: «ayuda mi incredulidad».

Este hombre tenía una fe como un grano de mostaza. Quería creer que yo salvaría a su hijo. Sabía que yo era poderoso.

En ese instante, ordené al espíritu que saliera y no volviera a entrar en el hijo de aquel hombre. Las convulsiones cesaron. Su vida cambió para siempre.

¿Cuál es la lucha con la que llevas luchando toda la vida? Entrégamela hoy. Solo necesitas una fe del tamaño de un grano de mostaza.

E inmediatamente el padre del muchacho clamó
y dijo: Creo; ayuda mi incredulidad.
MARCOS 9.24 RVR1960

¿Cuál es la lucha con la que
llevas luchando toda la vida?
Entrégamela hoy. Solo necesitas
una fe del tamaño de un grano
de mostaza.

Esperanza siempre

Considera hoy lo que no eres. Es posible que estés sin ánimos, pero no estás destruida. Puedes estar deprimida, pero no estás devastada. Siempre hay esperanza en mi nombre. Siempre hay una segunda oportunidad, un nuevo comienzo, una pizarra limpia.

Tendrás problemas en este mundo. Desde que la humanidad eligió pecar en el jardín del Edén, el mundo no ha sido como estaba previsto. Diariamente tus pecados y los de otros te sacuden. Es un viaje duro, a veces accidentado.

Hoy quiero que te des cuenta de que este no es el final de tu historia. Este no es el punto de rendición. Este es el punto de levantarse. Estoy aquí con mi mano extendida para ayudarte. Empecemos de nuevo.

Por todos lados nos presionan las dificultades,
pero no nos aplastan. Estamos perplejos
pero no caemos en la desesperación.
Somos perseguidos pero nunca abandonados por Dios.
Somos derribados, pero no destruidos.
2 Corintios 4.8–9 ntv

Refugio

El mundo te tiene muy ocupada, trabajando día y noche. Ven conmigo a recargar tu alma. Yo soy tu Dios todopoderoso, soberano sobre todas las cosas. Yo soy tu refugio.

Rápido. Ven y quédate conmigo. Reserva tiempo para descansar a la sombra de mi ala protectora. Permíteme ser tu refugio. Permíteme que te dé descanso. Yo soy toda la protección que necesitas. Te sostendré, te rejuveneceré y te pondré de nuevo en marcha.

Cuando tu mente va a cien kilómetros por hora y el mundo te arrastra de un lado a otro, aprende a detenerte. Aprende a decir no a algunas cosas para que puedas responder a mi llamada. Te llamo para que te sientes un rato. Apóyate en mí. Confía en mí. Siempre voy a estar aquí para ti. Nadie más puede hacerte esa promesa.

El que habita al abrigo del Altísimo
Morará bajo la sombra del Omnipotente.
SALMOS 91.1 RVR1960

Fuerte

Yo te protejo. Soy tu refugio y tu fortaleza. Estás a salvo conmigo cuando afuera se desata la batalla. Yo te protegeré mejor que los ahorros de tu cuenta bancaria o los muros que construyas. Esas son cosas materiales: hoy están aquí y mañana no. Yo soy tu Salvador, Redentor y Amigo. Nunca cambio.

Mientras vivas en el mundo, siempre habrá una batalla por tu atención. El mundo te llamará, tentándote con deseos carnales. Has sido sellada con el Espíritu Santo. Él está luchando por ti también. Estarás dividida entre el espíritu y la carne el resto de tus días.

Permíteme ser tu refugio contra la tormenta. Ven a mí cuando te sientas débil, hija, porque yo soy fuerte. Anhelo ser tu Fortaleza, tu Torre Fuerte, tu Liberación.

Diré yo a Jehová:
Esperanza mía, y castillo mío;
Mi Dios, en quien confiaré.
SALMOS 91.2 RVR1960

Redentor

Deja tu sórdido pasado. Yo te devolveré los meses y años que sientas que has desperdiciado. En mi economía nada se desperdicia. Mira, he utilizado ese dolor y esos errores en tu vida. ¿Eres más sabia ahora? ¿Ves que mi camino es el único que trae verdadero deleite? ¿Eres capaz de ayudar a otros que están sufriendo? Entonces esos años, por muy horribles que hayan sido, no fueron en vano.

Mira directamente a mi gloria. Soy muchísimo más grande que tu peor error. Yo soy el Redentor. Es mi propósito y mi alegría tomar lo que te duele, lo que te arrastra, y usarlo para tu bien.

He rescatado tu desastroso pasado. Tienes un nuevo nombre. Quiero que camines en la victoria de mi perdón, no en las sombras de tu pasado. Ni un paso más.

Y os restituiré los años que comió la oruga,
la langosta, el pulgón, y el revoltón;
mi grande ejército que envié contra vosotros.
JOEL 2.25 RVA

Así como guie a los israelitas
con una columna de nube durante
el día, te guiaré a ti. Toma mi
mano. Pasemos este día juntos.

Juntos

Estoy contigo día y noche, pequeña. Cuando sale el sol por la mañana, estoy pensando en ti. Pongo ante ti otro día de vida, otra oportunidad para que camines conmigo y hables conmigo, otras veinticuatro horas para que seas mi testigo en este mundo perdido.

¿Piensas en mí? ¿Empiezas el día conmigo? Mucha de tu desazón y descontento podría convertirse en estabilidad y alegría si tan solo empezaras tus mañanas en mi presencia.

Antes de que te apresures a cumplir con las exigencias del día, detente y pasa un tiempo con tu Salvador. Quiero encontrarme contigo y guiarte a lo largo del día. Así como guie a los israelitas con una columna de nube durante el día, te guiaré a ti. Toma mi mano. Pasemos este día juntos.

Y Jehová iba delante de ellos de día en una
columna de nube para guiarlos por el camino,
y de noche en una columna de fuego
para alumbrarles, a fin de que anduviesen
de día y de noche.
ÉXODO 13.21 RVR1960

La luz

La vida se compone de estaciones. Al igual que el invierno da paso a la calidez de la primavera, tu tristeza será sustituida una vez más por la risa. Las mareas suben e invaden la pacífica orilla, pero, sin falta, vuelven a las profundidades del océano.

Cuando la pena y la soledad te abrumen, resiste. Acude a mí en oración. Pasa tiempo empapándote de mi Palabra. Medita en las promesas que te he hecho. Te he prometido una esperanza y un futuro. Te he prometido que nunca te abandonaré. Siempre estoy vigilando tu vida. Mis promesas son tuyas para que las reclames en cada momento, por muy mal que te sientas.

Esto también pasará.

No te he prometido una vida sin problemas, pero experimentarás las cimas de las montañas junto con los valles donde el dolor te abate. En esta temporada de oscuridad, mantén tus ojos en la luz. La alegría volverá a ser tuya a su debido tiempo.

Porque un momento será su ira,
Pero su favor dura toda la vida.
Por la noche durará el lloro,
Y a la mañana vendrá la alegría.
SALMOS 30.5 RVR1960

Amor perfecto

Piensa en lo mucho que te amo.

Vine a la tierra para nacer como un bebé, acostado en el comedero de un animal como mi cama. Viví como un hombre sin hogar. Mis pies polvorientos permanecían cansados día tras día a causa de los viajes ministeriales. Me seguían personas que querían algo de mí: curaciones, milagros y respuestas.

Yo, que nunca cometí un pecado, tuve la muerte de un criminal en la cruz. Colgaron una señal sobre mi cabeza y gritaron: «¡Rey de los judíos! Baja y sálvate a ti mismo». Pero no bajé. Me quedé allí y morí. Lo hice por mi profundo amor a toda la humanidad.

Mi amor es mucho más grande que cualquier amor terrenal. Morí por ti para cumplir el plan de Dios. Fui a la cruz para que tú no tuvieras que hacerlo. Descansa hoy en mi perfecto amor. Nunca te dejaré, ni siquiera por un momento.

... que el amor perfecto echa fuera el temor.
El que teme espera el castigo, así que no ha sido
perfeccionado en el amor.
1 JUAN 4.18 NVI

Nada ha cambiado

Hoy estás angustiada. No eres la única que se siente así. Los hombres y mujeres de fe han experimentado la tristeza y la angustia a través de los tiempos. Anímate, ellos también han experimentado mi fidelidad. Yo nunca abandono a mis hijos. Estoy con ustedes dondequiera que vayan.

Construye altares dentro de tu corazón, hija. Pon una señal en aquellos lugares donde he intervenido por ti. Son muchos. En tus días malos, recuerda las cimas de las montañas. Recuerda que yo respondo a las oraciones. A veces puedo parecer lento en responder. Puede que permita que te quedes por un tiempo en un lugar que te parece poco conveniente. Siempre hay una razón.

Mira hacia atrás. ¿Ves esos altares? ¿Recuerdas aquellas veces que fui fiel? Nada ha cambiado. Sigo caminando contigo día a día.

Vámonos a Betel. Allí construiré un altar
al Dios que me socorrió cuando estaba yo en peligro,
y que me ha acompañado en mi camino.
Génesis 35.3 nvi

Yo soy más grande

La angustia. Es un dolor profundo que veo diariamente cuando mis ojos observan la tierra. Si no fuera por la Caída, no sería así. En el Edén no había dolor. Hubo perfección, durante un tiempo, antes de que la humanidad se rebelara contra Dios y el pecado entrara en el mundo.

Pero ahora hay dolor. Mi gente llora. Les duele. Son maltratados y rechazados. Las personas defraudan a los demás. El pecado escuece, y la ira y la rebelión se desbordan. Sí, ahora hay angustia.

En tus momentos de angustia, permite que yo intervenga. Recuerda que yo soy más grande que las situaciones difíciles que enfrentas. Puedo llenar los lugares vacíos de tu corazón. Puedo aliviar la pena. He enviado al Espíritu para que te consuele y te aconseje.

En tu angustia, no has sido desamparada. Sigues aquí, cerca de mi costado, en los dias tristes más cerca de lo que puedes imaginar. Yo vendo las heridas de los corazones rotos. Estoy cerca.

... con gran angustia comenzó a orar al Señor
y a llorar desconsoladamente.
1 Samuel 1.10 nvi

Sabia

Cuando estás herida, es fácil arremeter contra los que te rodean. Esta es una reacción que proviene de tu carne. Eres humana, eso es un hecho, querida, pero no una excusa. Se te ha dado el Espíritu Santo. Invócalo.

Cuando sientas que estás a punto de perder los nervios, pídele al Espíritu que te calme. Contén tu lengua; más tarde agradecerás haberlo hecho. Si le das rienda suelta, acabarás organizando un desastre tras otro. Es imposible retractarse de una palabra dicha. Recuerda esto: las palabras pronunciadas con ira pueden permanecer en el corazón de otra persona durante toda la vida.

Cuando quieras atacar a los demás, recuerda que muchas veces la raíz de tu dolor no tiene nada que ver con ellos. Sé prudente. Controla tu temperamento. Cuando estés herida, arroja tus preocupaciones a mis pies. Cuéntamelo todo. Trabajaremos juntos en ello.

El necio da rienda suelta a sus pasiones,
el sabio acaba dominándolas.
PROVERBIOS 29.11 BLPH

En paz

Siento mucho que estés sufriendo. Sé que has llorado más lágrimas de las que nadie debería llorar. No me gusta el mal que te han hecho. Todo lo que hiere a mis hijos hiere también mi corazón.

En tu dolor, no busques venganza. La venganza nunca satisface, sino que solo complica más las cosas. La mejor manera de alcanzar la paz es soltar tu dolor. Deja que el tiempo y mi amor curen tu corazón roto.

Todo el mundo deberá comparecer un día ante mí, por lo que ha hecho en esta vida. Déjame el juicio a mí. Yo los disciplinaré cuando sea necesario. Castigaré y abatiré cuando lo considere oportuno. No te corresponde a ti dictar o controlar. Haz todo lo que puedas para caminar en paz con los que te rodean y déjame la venganza a mí.

Y no se tomen la justicia por propia mano,
queridos míos; dejen que sea Dios quien castigue,
según dice la Escritura:
A mí me corresponde castigar;
yo daré a cada cual su merecido
—dice el Señor—.
ROMANOS 12.19 BLPH

Ya soy tu Salvador.
Anhelo ser también tu amigo
más cercano.

El amigo más cercano

Quiero formar parte de tu vida cotidiana. No soy un rey que desea mantenerse a distancia en un palacio, gobernando a sus súbditos pero sin conocer sus nombres y sus rostros. Quiero caminar y hablar contigo. Quiero ser más un familiar que un invitado.

Tal vez me invitaste a entrar en tu corazón hace mucho tiempo, pero me has dejado solo en el vestíbulo mientras vagabas por todas las demás habitaciones y rincones. ¿Puedo entrar más adentro, más allá de los detalles y del saludo en la puerta? ¿Podemos ser un poco menos formales, tú y yo? Hoy sería un buen día para pasar un rato juntos, charlando de todo lo que pasa en tu vida. Ya soy tu Salvador. Anhelo ser también tu amigo más cercano.

¡Mira! yo estoy a la puerta y llamo.
Si oyes mi voz y abres la puerta, yo entraré
y cenaremos juntos como amigos.
APOCALIPSIS 3.20 NTV

Mantente firme en tu fe hoy.
Adora incluso a través de tu
dolor.

Estás bendecida

Job fue sometido a prueba y a un juicio, tal vez mayor que el de cualquier otro creyente que haya existido. Perdió a su familia y todo lo que amaba. Fue afligido de muchas maneras, pero no quiso maldecir a Dios. Reconoció que todos los dones bajan del cielo. También reconoció que es Dios quien da y quita.

Te sientas o no bendecida hoy, lo eres. Has recibido el regalo de la salvación y de la vida eterna conmigo. Un día todas las luchas que enfrentas en la tierra serán olvidadas. Mantente firme en tu fe hoy. Adora incluso a través de tu dolor.

*Job se levantó y rasgó su vestido en señal
de dolor; después se rasuró la cabeza
y se postró en el suelo para adorar y dijo:
«Desnudo salí del vientre de mi madre,
y desnudo estaré cuando me vaya.
El Señor me dio lo que tenía,
y el Señor me lo ha quitado.
¡Alabado sea el nombre del Señor!».*
Job 1.20–21 NTV

Comunión

Incluso cuando no estás en tu mejor momento, puedes ser un estímulo para los que te rodean. No importa tu estado de ánimo, aún puedes sonreír. Todavía puedes saludar a alguien. Puedes preguntarles cómo están y escuchar lo que dicen.

No dejes de reunirte con otros cristianos. Los creyentes se necesitan unos a otros. Tú necesitas a tus hermanos y hermanas, y del mismo modo ellos te necesitan a ti. Estás viviendo días difíciles. A medida que los días se vuelven más oscuros, en lugar de aislarte, acércate y ten comunión con aquellos que son afines en la fe. Levanta a otros, y permite que otros sean una luz para ti también.

Pensemos en maneras de motivarnos unos a otros a realizar actos de amor y buenas acciones. Y no dejemos de congregarnos, como lo hacen algunos, sino animémonos unos a otros, sobre todo ahora que el día de su regreso se acerca.
Hebreos 10.24–25 NTV

En el valle

Eres mi hija preciosa y odio verte preocupada. La preocupación frunce el ceño. Te roba la alegría y consume tus días.

Anhelo ver tu semblante luminoso y tus ojos brillantes que, de nuevo, confían en mí para un futuro resplandeciente. Te he concedido cada día como un regalo, y anhelo verte disfrutando de su gloria en lugar de llenarlo con pensamientos angustiosos que no hacen ningún bien. Sin embargo, sé que eres humana. Sé que el mundo te ha hecho pasar por muchas tensiones.

Hay en la vida momentos de sentirse en la cima, sin duda, pero en los días en que estás en el valle, no puedes sentirte más baja. Por ahora, debes enfrentar estas pruebas, pero debes saber que yo tengo el control. Un día las eliminaré todas. No dejaré que la decepción te condene. Estoy aquí incluso en medio de la tormenta. Anímate. Mantente firme en tu fe. Te amo.

La preocupación agobia a la persona;
una palabra de aliento la anima.
PROVERBIOS 12.25 NTV

Nunca sueltes mi mano

No te rindas. No eres hija del mundo. Eres mi hija, comprada por mi sangre, que derramé voluntariamente por ti en el Calvario. Eres más que una conquistadora, porque se te ha dado un nuevo nombre.

No puedes trabajar para comprar mi favor o hacer el suficiente bien como para compensar un pequeño pecado, que te impediría entrar en la presencia de un Dios santo. Ese fue mi trabajo, mi tarea, mi sacrificio a realizar. No el tuyo.

Nunca renuncies a tu fe en mí para salir adelante. Nunca te preguntes si he cambiado, si te he abandonado, o si soy incapaz de perdonarte una vez más. Soy el mismo ayer, hoy y mañana. Te he prometido que nunca te abandonaré.

Mi gracia abunda en tu vida. Siempre estoy de tu lado. Nunca sueltes mi mano. Te tengo.

Así que, desilusionado, me di por vencido
y cuestioné el valor de todo mi duro trabajo
en este mundo.
ECLESIASTÉS 2.20 NTV

Siempre estoy de tu lado.
Nunca sueltes mi mano.
Te tengo.

Mirando hacia afuera

El ensimismamiento te hace daño, hija. No sé si te das cuenta de esto. Cuando miras tus propias circunstancias el tiempo suficiente, te consumes con ellas. Poner el foco en los demás te permite salir de tu propia situación. ¿Conoces a alguien que esté sufriendo? ¿Hay alguien que esté enfermo? ¿Podrías servir a alguien?

Cuando examines la vida de los demás, sin duda descubrirás que ellos también están necesitados. Tal vez pienses que tu prueba es la más difícil, pero todos los que te rodean también están librando una batalla.

Extiende la mano. Busca una oportunidad para amar a otras personas el día de hoy. Con el desinterés se obtienen grandes bendiciones. Enseña a tu espíritu a evitar los celos. Entrena tu mente para reconocer que todos a tu alrededor tienen una herida; nadie tiene una vida perfecta. Es la condición humana. Recibe hoy la bendición de mirar hacia afuera.

... pero si tienen envidias amargas y ambiciones egoístas en el corazón, no encubran la verdad con jactancias y mentiras.
Santiago 3.14 ntv

Llamada

¿Recuerdas la historia de los tres amigos de Daniel que fueron arrojados al horno de fuego? El rey Nabucodonosor se escandalizó cuando estos jóvenes afirmaron que aunque su Dios no los salvara, seguirían alabándolo. Ellos sabían que Dios lo haría. Este es el Dios al que sirves, hija.

No sirves a un dios con *d* minúscula. Sirves al único Dios verdadero, el Creador del universo. Yo soy su Hijo amado. Eres salva por la fe en mi muerte por ti en la cruz. Llámame cuando tengas miedo. Cuando te enfrentes a pruebas de todo tipo, ten la seguridad de que nunca te abandonaré.

Si se nos arroja al horno en llamas,
el Dios al que servimos puede librarnos
del horno y de las manos de Su Majestad.
Pero, aun si nuestro Dios no lo hace así,
sepa usted que no honraremos a sus dioses
ni adoraremos a su estatua.
DANIEL 3.17–18 NVI

Yo te llevaré

De pequeña, cantabas la canción que decía: «*Cristo me ama, bien lo sé, su Palabra me hace ver*».

Te sabías bien la letra. Cantaste: «*Yo soy débil, fuerte es él*». Las palabras de esa canción son bíblicas, y son verdaderas. Cuando estás más débil, cuando crees que no puedes dar un paso más, mi fuerza entra en acción. Camino contigo e incluso te llevo cuando es necesario.

Mírame en los momentos de dolor y en los días de desesperación. No hay lugar en el que prefiera estar antes que contigo. No hay nada que prefiera hacer más que ayudarte. Siempre vendré a buscarte. Nunca estoy lejos de ti. En tu dolor, puedo hacer que vuelvas a estar completa. En tu dolor, puedo proporcionarte alegría. Déjame ser tu fuerza hoy. Te amo, hija.

Y me ha dicho: Bástate mi gracia;
porque mi poder se perfecciona en la debilidad.
Por tanto, de buena gana me gloriaré más bien
en mis debilidades, para que repose sobre mí el
poder de Cristo.
2 Corintios 12.9 rvr1960

Conforme al corazón de Dios

David fue llamado «varón conforme al corazón de Dios», pero no era perfecto. Pecó y no alcanzó la gloria de Dios, como todos los hombres que han vivido. Sin embargo, amaba a Dios. Sabía a dónde dirigirse cuando había pecado. Sabía a quién llamar cuando estaba angustiado u oprimido. Tenía fe y sabía que Dios escucharía sus oraciones.

Clama a mí cuando estés preocupada y tengas miedo. El miedo es inevitable: forma parte de tu condición humana. Sin embargo, no es donde tienes que quedarte. No necesitas acampar allí en esa mentalidad temerosa, residiendo entre tus preocupaciones y ansiedades. Búscame y me encontrarás fácilmente. Yo te libraré, hija, de todo lo que te asusta. Entrega tus preocupaciones a Aquel que murió para darte vida abundante. Renuncia a ellas hoy mismo.

Busqué a Jehová, y él me oyó,
Y me libró de todos mis temores.
SALMOS 34.4 RVR1960

Salvador y Libertador

Como creyente, te enfrentarás a pruebas y tribulaciones que otros no podrían soportar. Tendrás que ser fuerte para resistir las tentaciones. El mundo te llamará, ofreciéndote placeres que solo te llevarán a la destrucción. Escucha más bien mi llamado. Yo nunca te desviaré, hija.

Es posible que te enfrentes a la persecución de aquellos que no entienden tus elecciones y tu dedicación a mis caminos y mis mandamientos. Debes saber que no estás abandonada a tu suerte. No tienes que preocuparte por luchar o defenderte. Yo lo haré por ti.

Así como el pastor se regocija al encontrar a su ovejita perdida, yo llevo a cada uno de mis hijos en mi corazón. Yo veo tu fidelidad y tus luchas. Nunca te daré más de lo que puedas soportar. Yo soy tu Salvador y tu Libertador. Confía siempre en mí.

Muchas son las aflicciones del justo,
Pero de todas ellas le librará Jehová.
SALMOS 3419 RVR1960

Yo soy tu Salvador

y tu Libertador.

Confía siempre en mí

Regalo bueno y perfecto

Morí por ti en la cruz. Fui condenado a muerte por crucifixión, la muerte más dolorosa y horrible de todas. Fue la muerte reservada a los criminales. Se rieron y se burlaron de mí. Me dieron a beber vinagre amargo. Me colgaron un cartel sobre la cabeza que decía REY DE LOS JUDÍOS. Fue su versión de una broma. Me odiaban.

Dios podría haber elegido dejar que esa copa pasara de mí. En cambio, amó a la humanidad lo suficiente como para verme morir. ¿Un Dios así retendría algún regalo bueno o perfecto de sus hijos?

Da gracias hoy en cualquier circunstancia en la que te encuentres, incluso si no puedes sentir o ver la mano de Dios. Él está actuando. Él te amó lo suficiente como para ver a su único Hijo morir en una cruz por tus pecados. Él no escatima nada. Confía en él. Confía también en mí.

El que no escatimó ni a su propio Hijo,
sino que lo entregó por todos nosotros,
¿cómo no nos dará también
con él todas las cosas?
ROMANOS 8.32 RVR1960

Nada es imposible

¿Tus pensamientos se desvían constantemente hacia lo negativo? ¿Te resulta difícil no obsesionarte con tu lucha actual? Pídeme que te ayude a controlar esos pensamientos. Lleva todo pensamiento cautivo en mi santo nombre.

En lugar de dedicarme un segmento determinado de tu día a la oración, intenta orar durante todo el día. Medita en mis promesas. Colócalas en tu espejo y en la puerta del refrigerador, lugares donde seguramente las verás a lo largo del día.

Mantén la verdad siempre ante ti para que no te tragues las mentiras del diablo. Lo único que él quiere es convencerte de que no tienes esperanza. A él le encantaría mantener tu mente siempre fija en cosas insignificantes. En mí, hija, tienes una gran esperanza. Cada día es una nueva oportunidad, y nada es imposible para Dios.

Y ahora, amados hermanos, una cosa más para terminar. Concéntrense en todo lo que es verdadero, todo lo honorable, todo lo justo, todo lo puro, todo lo bello y todo lo admirable. Piensen en cosas excelentes y dignas de alabanza.
FILIPENSES 4.8 NTV

Nunca sola

Yo voy delante de ti. He puesto a mis ángeles a tu alrededor. También te sigo. Estoy a tu alrededor, vigilando y guardándote del daño que ni siquiera ves. Puedes sentirte sola, pero en realidad nunca lo estás. Solo tienes que mirarme a mí.

Yo soy tu Príncipe de Paz. Soy consciente de la existencia de otro príncipe: es el príncipe de las tinieblas, y le encantaría robar la alegría que he puesto en tu corazón. No lo permitas. Recuerda que me perteneces. Nada puede cambiar eso. Estás sellada con mi sangre redentora. Estás salvada. La vida eterna es el regalo que te he dado, y comienza viviendo una vida abundante en la tierra. Yo estoy contigo siempre.

Que eso sea suficiente hoy. Enfrentemos esto juntos. No te fallaré ni te abandonaré jamás.

No temas ni te desalientes, porque
el propio Señor irá delante de ti.
Él estará contigo; no te fallará
ni te abandonará.
Deuteronomio 31.8 ntv

Liberada

La depresión tiene su manera de llevarte a al desierto. Te sientes sola, incluso en el lugar más hermoso con gente estupenda a tu alrededor. La depresión te roba la alegría. Te agobia bajo la carga más pesada. Te despoja de la luz y te deja en su lugar una triste oscuridad. Lo sé, hija. Lo veo.

Busca la ayuda que he puesto ante ti en este día. Acude a mí en oración. Acude a los amigos cristianos que te rodean. Busca la ayuda de profesionales médicos y consejeros que he puesto en el mundo para este propósito.

No te quedes en el desierto. Hay mucha ayuda disponible para ti. Quiero que disfrutes de la vida. Quiero que vuelvas a encontrar la felicidad. Extiende la mano. Es hora de liberarse del desierto.

Él lo encontró en un desierto,
en un páramo vacío y ventoso.
Lo rodeó y lo cuidó;
lo protegió como a sus propios ojos.
DEUTERONOMIO 32.10 NTV

Vendré

Esperar nunca es fácil. Sin embargo, confía en mí cuando te digo que siempre vendré a ti. Es posible que tengas que esperar, pero vendré. Tal vez no siempre te quite la prueba, pero te llevaré a través de ella. Puede que no siempre responda a tus oraciones de la manera que quieres, pero nunca dejaré de darte lo que necesitas. Permíteme ser el fundamento sólido de tu vida. Clama a mí. A su debido tiempo, te levantaré. Nunca esperarás ni un momento de más. Nunca me adelanto ni me retraso.

Apóyate en la roca de tu fe y estarás preparada para cualquier tormenta que se te presente, aunque estalle de repente y te atrape por sorpresa.

Puse en el Señor toda mi esperanza;
él se inclinó hacia mí y escuchó mi clamor.
Me sacó de la fosa de la muerte,
del lodo y del pantano;
puso mis pies sobre una roca,
y me plantó en terreno firme.
Salmos 40.1–2 NVI

Permíteme ser el fundamento
sólido de tu vida. Clama a mí.
A su debido tiempo,
te levantaré.

Tu canción

¿Has perdido tu canción? ¿Donde antes había alegría y paz en tu vida, ahora te encuentras hundida?

Quiero devolverte tu canción. De hecho, quiero darte una nueva canción. Cuando empieces a alabarme, tu corazón cambiará. Puede que no sea repentino, pero a medida que cantes, día a día, las cosas comenzarán a verse más brillantes.

Adórame, hija. Mírame. Apóyate en mí. No me he alejado. Todavía estoy aquí. Soy Aquel en quien confiaste antes, y sigo siendo fiel.

Cuando hayas perdido la música en tu vida, tararearé contigo hasta que puedas recordar. Te daré una nueva letra. Compondré una nueva canción de amor en tu corazón. Yo te aprecio. Confía en mí hoy y canta una nueva canción.

Puso en mis labios un cántico nuevo,
un himno de alabanza a nuestro Dios.
Al ver esto, muchos tuvieron miedo
y pusieron su confianza en el SEÑOR.
SALMOS 40.3 NVI

Amor

¿Estás dudando de mi amor por ti?

Recuerda la cruz. Serví como un sacrificio perfecto por tu pecado, y tú ni siquiera habías nacido. Te amé en tu rebeldía de pecador. Te amé entonces y te sigo amando. Fui a la cruz definitivamente. Fue un pago por el pecado, y se te ofreció como un regalo gratuito.

Porque soy tu Salvador, el Padre te ve justa. Él te ve a través de una lente que lleva mi nombre... y mis cicatrices. ¿Puedes creer, hija, que no podría amarte ni una pizca más si lo intentara? Te amo con todo mi corazón.

Pero él fue traspasado por nuestras rebeliones
y aplastado por nuestros pecados.
Fue golpeado para que nosotros
estuviéramos en paz;
fue azotado para que pudiéramos ser sanados.
Todos nosotros nos hemos extraviado como ovejas;
hemos dejado los caminos de Dios
para seguir los nuestros.
Sin embargo, el SEÑOR puso sobre él
los pecados de todos nosotros.
ISAÍAS 53.5–6 NTV

Alégrate, incluso en las tormentas de la vida. Es en esos momentos cuando te estoy fortaleciendo.

Resistencia

¿Has oído hablar de las diminutas tortugas marinas que, al nacer, deben atravesar la orilla del mar hasta llegar al océano? Si una persona las recoge y las ayuda a salir, mueren. ¿Sabes por qué? Es en su lucha a través de la arena donde sus pequeñas aletas se fortalecen. Es decir, el ser humano les facilita el tránsito, un paseo, si se quiere, pero eliminar la lucha en realidad resulta perjudicial para la tortuga. Sin aletas fuertes, no pueden nadar. Las olas las superan y no pueden sobrevivir.

Lo mismo ocurre contigo. Si vivieras una vida sin problemas, nunca crecerías más fuerte en tu camino de fe. No desarrollarías la resistencia. Serías débil donde necesitas ser fuerte. Confía en mí en tus pruebas. Alégrate, incluso en las tormentas de la vida. Es en esos momentos cuando te estoy fortaleciendo.

También nos alegramos al enfrentar pruebas
y dificultades porque sabemos que nos ayudan
a desarrollar resistencia.
ROMANOS 5.3 NTV

Tiempo perfecto

¿No es maravilloso cuando puedes ver mi mano en tu vida? ¿Sonríes y notas que mi tiempo ha sido perfecto? Hija, puedes confiar en que siempre es y será así.

Fui enviado al mundo en el momento justo para salvarlo. En el momento justo de la historia, fui clavado en una cruz para morir por toda la humanidad. Todos los que invocan mi nombre son salvos gracias a ese acto. Dios llevó a cabo su plan para llevarlos a una relación correcta con él.

Así que hoy, en cualquier circunstancia difícil que estés experimentando, debes saber que mi tiempo nunca falla. Seguiré apareciendo en tu vida con la respuesta adecuada en el momento adecuado. Tal vez no sea siempre el momento que tú eliges, pero yo siempre elijo lo que sé que es mejor para los míos.

Cuando éramos totalmente incapaces de salvarnos,
Cristo vino en el momento preciso y murió
por nosotros, pecadores.
ROMANOS 5.6 NTV

Sé amable

¿Han herido tus sentimientos? ¿Ha sido herido tu corazón por las palabras o acciones de otros? Esto es muy común en el mundo perdido en el que vives. Ocurre todos los días. A veces el resultado es la amargura y la disensión, la separación de caminos, el fin de una amistad o el divorcio. Otras veces puedes elegir el perdón. Es un acto de pura voluntad. Va en contra de tu humanidad. Solo se logra a través del Espíritu Santo que envié al mundo para aconsejarte.

Sé amable. Elige prodigar la gracia a los demás. Así como has sido perdonada tantas veces, perdona a los que te ofenden. No es divertido sentirse herida o rechazada. Te escuece y te duele y puede consumirte, pero solo si lo permites. La elección es tuya. Espero que encuentres la manera de perdonar. El perdón es el camino para liberarte de tus heridas.

Antes sed benignos unos con otros,
misericordiosos, perdonándoos unos a otros,
como Dios también os perdonó a vosotros
en Cristo.
EFESIOS 4.32 RVR1960

Quédate quieta

Cuando piensas en una pelea, ¿qué imágenes te vienen a la mente? ¿Imaginas brazos agitados y puñetazos? Quiero que sepas que esta no es la única manera de luchar. Si te quedas quieta, yo lucharé por ti.

¿Recuerdas la historia de los israelitas que cruzaron el mar Rojo? Dios separó las aguas y los hizo pasar, y luego ¿qué sucedió? Destruyó a los egipcios. Ninguno de ellos cruzó. Fueron atrapados por las aguas y acabaron muertos. No solo una parte del ejército del faraón, sino hasta el último soldado. No solo los soldados, sino también los caballos. Si el mundo hubiera estado mirando solo unos minutos antes de este gran milagro, habría pensado que los israelitas no tenían ninguna oportunidad. Con Dios, tenían todas las posibilidades.

Deja que yo pelee tus batallas. Te he redimido del pecado y estoy listo para luchar en tu nombre.

El Señor peleará por ustedes
mientras ustedes se quedan callados».
Éxodo 14.14 nbla

Permíteme...

Es tentador tomarte la justicia por tu mano cuando alguien se equivoca. No es tu parte. Más bien, trata de vivir en paz con todos los que puedas. Permíteme que yo me ocupe de los que te hacen daño.

Ten la seguridad de que nadie se beneficia de hacerte daño. Yo puedo tomar lo que otros quieren para el mal y usarlo para el bien en tu vida. Sé que las palabras y acciones injustas escuecen. Es horrible ser abandonada o rechazada por alguien en quien confiabas. Este es un mundo caído y la gente es capaz de grandes maldades. No cargues con el peso de la venganza. No es bueno y nunca sale bien. Permíteme encargarme yo de las personas que vienen contra ti. Deja eso en mis manos.

Amados, nunca tomen venganza
ustedes mismos, sino den lugar a la ira de Dios,
porque escrito está: «MÍA ES LA VENGANZA,
YO PAGARÉ», dice el SEÑOR.
ROMANOS 12.19 NBLA

Trae tus peticiones ante mí.

Escúchame. Permanece un rato

en mi presencia.

Enfoque de corazón

Nunca sientas que debes venir a mí con palabras perfectas. Ni siquiera tienes que venir con palabras. Solo quiero que vengas a mí en oración. Yo busco que tu corazón esté centrado en mí. Quiero saber que reconoces que todo buen regalo viene de lo alto.

No me importa el lenguaje que utilices. No me interesan las plegarias que recites ni lo largas que sean tus oraciones. Cualquiera puede presentarse ante los demás y pronunciar una oración que suene bien. A mí me interesas *tú*. Tú eres mi tesoro, y anhelo comunicarme contigo.

Trae tus peticiones ante mí. Escúchame. Permanece un rato en mi presencia. Te amo mucho, hija.

Y al orar, no usen ustedes repeticiones
sin sentido, como los gentiles,
porque ellos se imaginan que serán oídos
por su palabrería.
MATEO 6.7 NBLA

Mía

Puedes estar triste, pero no acabarás consumida. Puedes sentirte desanimada, pero no has sido desechada. Yo soy la Luz del mundo, y brillo más cuando te encuentras en circunstancias oscuras. Yo vendo las heridas de los corazones rotos. Siempre estoy cerca.

En la vida, te enfrentarás a enemigos. Pueden ser aquellos que no entienden tus convicciones o tus caminos. Estás en el mundo, pero no perteneces a él. Eres una extranjera aquí, porque el cielo es tu verdadero hogar.

En tu viaje por la vida, recuerda que no estás sola. Cuando caigas, siempre te ayudaré a levantarte. Pondré tus pies en un camino firme. No permitiré que seas derribada por el maligno. Tú eres mía.

No te alegres de mí, enemiga mía.
Aunque caiga, me levantaré,
Aunque more en tinieblas,
el Señor es mi luz.
Miqueas 7.8 nbla

Empieza hoy

Yo sé lo que necesitas incluso antes de que lo pidas. Veo tu corazón y siento tus anhelos. Soy omnipresente y omnisciente. Estoy en todas partes y lo sé todo.

Esto no significa que tus oraciones no me afecten. Anhelo escuchar tus peticiones. Me encanta que vengas a mí y compartas tus alabanzas y preocupaciones. Aunque conozco tus necesidades, significa mucho para mí que las expreses. Esto me muestra que reconoces que soy tu Proveedor y tu Buen Pastor.

Estoy aquí para dirigirte y guiarte. Me encanta responder a tus oraciones. La oración también te afecta a ti. A medida que ores y veas las oraciones respondidas en tu vida, crecerás en tu fe. Este es uno de los muchos beneficios de la oración. Haz de esto una prioridad. Comienza hoy.

Por tanto, no se hagan semejantes a ellos;
porque su Padre sabe lo que ustedes necesitan
antes que ustedes lo pidan.
MATEO 6.8 NBLA

Vive hoy con plenitud.
Experimenta la vida abundante
que he venido a darte.

Vive plenamente

Quiero que tengas vida abundante. Por eso vine al mundo.

Nací en un pesebre y viví una vida humana. Fui plenamente hombre y a la vez plenamente Dios. Es un misterio que hay que tener fe para creerlo, pero es cierto. Fui a la cruz. Dejé que me crucificaran allí, que me torturaran, que se burlaran de mí, que me mataran. Morí para darte la vida. El don de la vida eterna no comienza cuando mueres, hija. Ya ha comenzado.

Cada día es un regalo. Sé que estás sufriendo. Sé que deseas que tu situación sea un poco diferente hoy. No ves todos los buenos planes que tengo para ti. Solo ves el presente. Yo estoy a cargo de tu futuro, y es brillante.

Vive hoy con plenitud. Experimenta la vida abundante que he venido a darte.

El ladrón solo viene para robar, matar
y destruir. Yo he venido para que todos
tengan vida, y la tengan abundante.
JUAN 10.10 BLPH

Verdadera paz

El mundo tratará de ofrecerte paz. Satanás te susurrará sus mentiras, tentándote a hacer cosas que están fuera de mi voluntad. El tratará de convencerte de que este es el camino a la paz, pero no lo es. La verdadera paz viene solo a través de tu relación conmigo.

En medio de circunstancias horribles, mi pueblo puede encontrar la paz. Ya sea que hayas sido abandonada por tu pareja o estés sin trabajo, puedes estar en paz. Puedes encontrar paz en mí cuando te sientas sola o triste. Puedes estar en paz cuando otros van contra ti injustamente.

Llámame. Yo soy el que caminó sobre el agua, el que calmó la tormenta con sus palabras. No te sorprendas de mi poder. Tú me conoces. Yo soy Jesús, Hijo del Dios vivo. Soy tu Salvador, Redentor y Amigo. Solo yo puedo darte la paz. Acéptala hoy como un regalo.

Pues no quiere Dios el desorden,
sino la paz.
1 Corintios 14.33 blph

Mi tesoro

Cuando te salvé, bajé al pozo. No me limité a lanzarte una cuerda y decirte que te agarraras fuerte mientras te levantaba. Vine por ti. Descendí *todo el camino hasta el sucio fango de tu pecado*. Fui a las profundidades del pozo y te rescaté.

Cuando te sientas sola, llámame. Cuando estés deprimida, yo sigo aquí, amándote. Cuando sientas que no puedes continuar, cuando sientas que la pena te va a tragar por completo, clama mi nombre. Yo siempre vendré a rescatarte.

Puedo permitir pruebas y luchas en tu vida, y sé que no puedes comprenderlo. Pero nunca te dejaré en el hoyo. Tú eres mi tesoro. Recuerda esto. Llámame. Yo vendré.

Desde lo más profundo de la fosa
invoqué, SEÑOR, tu nombre.
LAMENTACIONES 3.55 NVI

Días más brillantes

La vida está llena de montañas y valles. Tal vez ahora mismo te encuentres en una época de pérdida profunda y dolor. Tal vez hayas perdido a alguien por culpa de la muerte, el divorcio, el rechazo o el abandono.

El dolor es un precio muy alto que hay que pagar por el amor, pero aun así lo pagas. Cuando te encuentres en un lugar de profundo dolor, aguanta. Sabes que estoy contigo y que a la vuelta de la esquina se encuentra la luz del sol. El dolor disminuirá. Siempre sentirás la pérdida, pero no siempre será tan insoportable como parece en este momento. La pena dará paso a la alegría. Mi compasión no permitirá que te quedes en este lugar de duelo toda la vida.

Camina conmigo. Confía en mí. Se avecinan días más brillantes.

Nos hace sufrir, pero también nos compadece,
porque es muy grande su amor.
El Señor nos hiere y nos aflige,
pero no porque sea de su agrado.
Lamentaciones 3.32–33 nvi

No tengas miedo

Al igual que una madre consuela a su hijo cuando se despierta después de un mal sueño, yo estoy aquí para calmar tus miedos. Sé que este mundo es un lugar que da miedo. Las sombras y los ruidos nocturnos que te asustaban de niña han dado paso a preocupaciones mayores. Como persona adulta, es posible que temas al futuro. Tus finanzas pueden preocuparte intensamente. ¿Cómo vas a pagar las facturas? ¿Cómo evitarás perder tu casa? Puede que también te preocupen tus relaciones, tus hijos o tu trabajo.

Sea lo que sea lo que temes hoy, hija, simplemente llámame. Yo estoy cerca de aquellos cuyos corazones están atribulados. Te digo: «No temas». Soy capaz de hacer más allá de lo que puedas imaginar. Nada es imposible para mí. Así que toma mi mano y seca tus ojos. No hay necesidad de temer el futuro. Yo lo tengo en mis manos.

Te invoqué, y viniste a mí;
«No temas», me dijiste.
LAMENTACIONES 3.57 NVI

*Confía en mí y búscame cada
día. Te bendeciré con una paz
que sobrepasa todo entendimiento.*

Una cosa tras otra

El mundo es un lugar muy ocupado. Hay muchas personas, lugares y problemas que compiten por tu atención. Tienes exigencias en casa y en el trabajo, con la familia y con los amigos. ¿A veces no te parece que la mente te da vueltas? Da un paso atrás y concéntrate en una sola cosa en cada momento.

Si quieres experimentar la verdadera paz, debes elegir ponerme en primer lugar, incluso con todas las presiones diarias de la vida. Busca tiempo para pasar en mi presencia. Habla, pero también escucha. Yo quiero aligerar tu carga y guiarte hacia las aguas tranquilas.

Confía en mí y búscame cada día. Te bendeciré con una paz que sobrepasa todo entendimiento. No importa lo que estés pasando en tu vida, hija, yo siempre quiero ser «la única cosa». Entonces todo lo demás caerá en su lugar como debe ser.

Al de carácter firme
lo guardarás en perfecta paz,
porque en ti confía.
ISAÍAS 26.3 NVI

Una nueva creación

Los abogados estudian detenidamente si aceptan o no un caso. Contemplan las pruebas, sopesando los pros y los contras. Intentan determinar si podrán ganar. No es así conmigo. Yo tomé tu caso incluso antes de que nacieras. Antes de que fueras siquiera un pensamiento en la mente de tu madre, yo estaba pensando en ti. Estaba colgado en una cruz dando mi vida por ti. Tu caso ya había sido ganado. El veredicto estaba listo. La salvación. Vida eterna. Vida abundante. Redención. El perdón del pecado. Muerte, sepultura, pero luego... resurrección.

Tu vida ha sido redimida. Eres una nueva creación. Encuentra dentro de tu corazón la fuerza para dar gracias hoy porque tomé tu caso y salvé tu alma. Te he amado tanto. Hoy te amo igual. Mi amor estará contigo todos tus días, tanto los buenos como los malos.

Tú, Señor, te pusiste de mi parte
y me salvaste la vida.
LAMENTACIONES 3.58 NVI

Una roca

¿Has intentado alguna vez caminar por la arena? Se mueve y se desplaza bajo tus pies descalzos. Construir una casa sobre la arena sería absurdo, ¿no es cierto? Sin embargo, la gente intenta construir su vida sobre esos cimientos todos los días. El mundo ofrece muchas arenas movedizas como cimientos, pero ninguna puede resistir las tormentas de la vida. Por eso has puesto tu confianza en mí como tu Salvador.

Yo soy una Roca: estable, fuerte e inmutable. Me llaman la piedra angular. La piedra angular es esencial para cualquier estructura. Todas las demás piedras de un edificio se colocan en referencia a la piedra angular. Determina la posición de toda la estructura.

¿Me has convertido en la piedra angular de tu vida? ¿Soy yo el fundamento? Si te apoyas en la Roca de tu salvación y pones tu fe en mí, nunca serás sacudida. A pesar de los tiempos difíciles que se presenten en tu camino, estarás segura.

Confíen siempre en el Señor,
él es nuestra Roca eterna
Isaías 26.4 blph

Humildad

¿Tu orgullo ha sido herido? Ora por aquellos que te han herido. Cuanto más ores por ellos, más tierno será tu corazón hacia ellos.

Humíllate ante mí. No te estoy sugiriendo que hagas algo que yo mismo no he hecho. Me ridiculizaron y se burlaron de mí. La gente no se creía que yo fuese quien decía ser. Aunque vine a salvarlos y nunca cometí un solo pecado, el pueblo eligió que me crucificaran a mí, mientras que Barrabás fue liberado. Eligieron liberar a un criminal en vez de a mí.

Le pedí a Dios que los perdonara, porque no sabían lo que hacían al clavarme en la cruz. A menudo, cuando alguien te hiere, ocurre lo mismo. Están atacando debido a la herida que tienen en sus propios corazones. Son inseguros, así que te derriban en un intento de construirse a sí mismos.

La humildad no siempre es fácil, pero siempre cosecha una gran recompensa.

Dios bendice a los que son humildes,
porque heredarán toda la tierra.
MATEO 5.5 NTV

La humildad no siempre es fácil,

pero siempre cosecha una gran

recompensa.

Justicia

El mundo no siempre es justo. De hecho, rara vez lo es. Probablemente te han tratado de manera injusta. Si no, lo harán. El mundo en el que vives es un mundo caído y tu vida va a estar llena de injusticias.

Es posible que lleves las cicatrices de las injusticias que te infligieron cuando eras una niña. Puede que un adulto de confianza haya abusado de ti cuando eras joven. Tuviste miedo de contar tus secretos durante años. Es posible que los arrastres hasta el día de hoy. Tal vez hayas experimentado injusticias más recientemente en tu vida: tu pareja te ha abandonado, tu hijo te ha rechazado, o no te han concedido el ascenso que realmente merecías en tu trabajo.

Un día habrá justicia como nunca has visto. En el cielo, todas las cosas se arreglarán. No habrá más lágrimas, dolor o injusticia. Aguanta, hija. El día se acerca. Mientras tanto, echa tus preocupaciones sobre mí. Yo soy lo suficientemente fuerte como para soportar las injusticias que te agobian.

*Dios bendice a los que tienen hambre
y sed de justicia,
porque serán saciados.*
MATEO 5.6 NTV

Lo correcto

¿Se han burlado de ti por las decisiones que has tomado como creyente? Tal vez te han llamado «santurrona» por no participar en una actividad que sabes que no me honra.

Se acerca un día en el que podrías experimentar la persecución simplemente por decir que eres cristiana. Tal vez aún no te hayas enfrentado a esto, pero es probable que ocurra durante tu vida.

Hacer lo correcto no siempre significa que recibirás tu recompensa por parte del mundo. Cuando eres honesta, no siempre se te recompensa automáticamente. Cuando eres humilde, alguien puede percibirte como débil e intentar utilizarte o controlarte. Anímate. Se acerca un día en el que mi Padre promete recompensar de forma fantástica a los que hacen el bien. ¡El reino de los cielos será tuyo!

Sé fuerte. Elige lo correcto antes que lo incorrecto. Nunca te arrepentirás.

Dios bendice a los que son perseguidos
por hacer lo correcto,
porque el reino del cielo les pertenece.
MATEO 5.10 NTV

Un tiempo para cada cosa

Perder a personas que amas es doloroso y difícil. Sabes que las volverás a ver en el cielo, y eso debería consolarte. Pero, mientras tanto, duele. No hay nada que se pueda comparar con el dolor y la tristeza asociados al luto. Tiene el poder de abatirte. Lo consume todo y a veces parece que va a durar para siempre.

La Biblia dice que hay un tiempo para cada cosa. Desgraciadamente, habrá momentos de luto en tu vida. Te lamentarás por la pérdida de familiares y amigos. Esto es parte de la condición humana, no puedes evitarlo.

Encuentra consuelo en el hecho de que los que lloran son bendecidos. Son consolados. Yo envié al Espíritu Santo al mundo para consolar a los míos. Este es su propósito, junto con el de aconsejarte. Descansa en el Espíritu Santo y encuentra la paz, incluso en tus días de luto.

Bienaventurados los que lloran,
porque ellos recibirán consolación.
MATEO 5.4 RVR1960

Descansa en el Espíritu Santo y
encuentra la paz, incluso
en tus días de luto.

Sé fuerte

Si me alabas cuando brilla el sol, no cuestiones mi bondad en las tormentas. Yo soy bueno todo el tiempo. Si no tuvieras pruebas en la vida, tu fe nunca crecería. No desarrollarías la perseverancia, que conduce a un carácter fuerte.

Fíjate en el tiempo. La lluvia es una necesidad: no todos los días pueden ser soleados. Lo mismo ocurre con tu espíritu. Si los días agradables fueran lo único que conocieras, tu espíritu no crecería en comunión conmigo.

Mis discípulos sufrieron muchas dificultades. Fueron llamados a dejar a sus familias y todo lo demás para seguirme. El apóstol Pablo fue encarcelado y sufrió naufragios. No tuvo una vida fácil.

Acepta los tiempos difíciles, así como aceptas los buenos, y alaba mi nombre. Sé que no es fácil, pero un día no habrá más dificultades ni heridas. Por ahora, mantente fuerte en tu fe. Yo te acompañaré en los días oscuros.

En día de felicidad, sé feliz;
en día de adversidad, reflexiona;
uno y otro los ha hecho Dios
para que nadie descubra su futuro.
ECLESIASTÉS 7.14 BLPH

Santidad

¿Qué te falta? ¿Qué anhelas? Ven a mí y presenta tus peticiones. Deja tu vacío y pide ser llena de nuevo.

Yo veo tus necesidades antes de que las expreses, pero aun así quiero que busques mi rostro. Quiero que recuerdes dónde se encuentran las soluciones a tus problemas: no en el mundo, sino en mí. Yo te ayudaré. Nunca llegaré un momento antes ni un segundo después.

Quiero satisfacer tus deseos, pero mi mayor preocupación es tu santidad. Incluso por encima de tu felicidad, deseo que te parezcas más a mí. Quiero que crezcas en tu dependencia de mí. Quiero que brilles para mí incluso en los lugares oscuros a los que te lleva la vida. Nunca te preguntes si estás en mi mente. Solo quiero lo mejor para ti.

Y a mí, pobre y necesitado,
quiera el Señor tomarme en cuenta.
Tú eres mi socorro y mi libertador;
¡no te tardes, Dios mío!
Salmos 40.17 nvi

Limpieza

La lluvia limpia. Es curativa. Hace crecer los árboles y las flores. Refresca a las personas y a los animales. Llena los lagos y los ríos. Sin ella, las cosechas se secan y la sequía llega a la tierra. La lluvia es una bendición. Recuérdalo y dame las gracias por ello.

Algunos se quejan de lo que no pueden hacer porque han llegado las lluvias. En cambio, intenta encontrar la paz en las lluvias que traigo a la tierra. Yo te hablo no solo a través del sol, sino también a través de la lluvia.

Así como la lluvia trae un nuevo comienzo a la tierra, yo quiero purificar tu corazón. Permíteme eliminar la amargura que se ha acumulado en él por tanto tiempo. Permíteme enviar mis lluvias frescas para lavar los recuerdos polvorientos de todo el daño que se te ha infligido. Llénate de mi Espíritu. Te amo, hija. Quiero que te renueves para que puedas experimentar la alegría de nuevo.

¡Pídanle al Señor que llueva en primavera!
¡Él es quien hace los nubarrones
y envía los aguaceros!
¡Él es quien da a todo hombre
la hierba del campo!
Zacarías 10.1 nvi

Te amo, hija. Quiero que
te renueves para que puedas
experimentar la alegría de nuevo.

Recordada

La humanidad es olvidadiza, pero yo no. Así como Dios se acordó de Noé y de toda su familia y de los animales en el arca, también te recuerdo a ti. Estás hecha a imagen y semejanza de Dios. Estás cerca de su corazón.

El Padre te ha entregado a mí como una preciosa ovejita. Yo soy tu Buen Pastor. De una manera sorprendente, las ovejas aprenden rápidamente la voz de su pastor y son capaces de distinguirla de las voces de otros pastores. Yo te estoy entrenando para que escuches claramente mi voz, aunque haya muchos otros que te llamen en tu vida. Yo siempre te guiaré por el camino correcto. Nunca te olvidaré. Querida, aunque te desvíes, escucha mi voz y vuelve hacia mí corriendo. No olvides a Aquel que más te ama.

Dios se acordó entonces de Noé y de todos los animales salvajes y domésticos que estaban con él en el arca. Hizo que soplara un fuerte viento sobre la tierra, y las aguas comenzaron a bajar.
Génesis 8.1 nvi

Nuevos comienzos

Si lees mi Palabra, verás claramente que hay un tiempo para todo. Hubo un tiempo, a causa del pecado de la humanidad, para que Dios destruyera la tierra con un gran diluvio. Entonces, después de cuarenta días de lluvia torrencial, Noé pudo abrir una ventana que había hecho en el arca.

¿Estás luchando, hija? ¿Te despiertas cada día temiendo las horas que se interponen entre tú y el regreso a la cama? Anímate. Yo te proporcionaré una ventana para que la abras. Tal vez necesites un poco de ayuda para abrirla. Es posible que sea solo una grieta al principio, lo suficiente para que entre un poco de luz. Pero el alivio está en camino.

Yo soy un Dios de segundas oportunidades y nuevos comienzos. Hago un camino donde parece no haberlo. Cierro puertas, pero después de un tiempo te susurro que es hora de abrir una ventana.

Después de cuarenta días, Noé
abrió la ventana del arca que había hecho.
GÉNESIS 8.6 NVI

Búscame en la luz del sol y en
la brisa fresca. Sabes que no te
he abandonado, ni lo haré nunca.
Te amo, hija.

Encuéntrame…

Te veo llorar hoy, igual que yo lloré en el huerto, preguntándole a Dios si podía pasar la copa. Veo cada una de tus lágrimas. Sé que hay una profunda tristeza en tu espíritu.

Quiero que sepas que estoy orgulloso de ti. Veo cómo pones una sonrisa y sigues sirviendo a los demás incluso en tus días más duros. Veo la forma en que te preocupas por la gente, aunque te sientas tan abatida.

Vienen días más brillantes. El dolor puede durar un tiempo, pero mi gracia te ofrece abundante alegría. Mis misericordias, que son nuevas cada mañana, te esperan. Búscame en las cosas pequeñas. Mientras esperas que esta carga sea retirada, obsérvame en el vecino que te tiende la mano. Búscame en la luz del sol y en la brisa fresca. Sabes que no te he abandonado, ni lo haré nunca. Te amo, hija.

Los que sembraron con lágrimas, con regocijo
segarán. Irá andando y llorando el que lleva
la preciosa semilla; mas volverá a venir
con regocijo, trayendo sus gavillas.
Salmos 126.5–6 RVR1960

Estás a salvo

Soy manso y lento para la ira, pero también soy poderoso. El viento está a mis órdenes. Una vez ordené que se detuviera una tormenta y esta se calmó al oír mi voz. Mis discípulos no se lo podían creer. Me pregunto por qué se sorprendieron tanto.

¿Sabes que todo lo que toca tu vida debe pasar primero por mis manos, hija? Yo soy más poderoso que Satanás y que todos sus planes contra ti. Soy más poderoso que el mundo que procura devorarte. Yo soy tu Salvador.

No te salvé de tus pecados para luego arrojarte a los lobos. Yo vigilo tus idas y venidas. Te protejo y te rodeo con mis ángeles.

Descansa hoy en mí. Cada día tiene ya su propio afán, y en este día quiero que elijas descansar en mis poderosos pero amorosos brazos. Yo te tengo. Estás a salvo.

Alaben al Señor desde la tierra,
ustedes, criaturas de las profundidades del océano,
el fuego y el granizo, la nieve y las nubes
el viento y el clima que le obedecen,
Salmos 148.7–8 ntv

Hija de la luz

Al igual que hay estaciones a lo largo del año, hay estaciones en tu vida.

En invierno, los árboles están desnudos. La hierba se vuelve marrón. El frío hace que la gente no pueda salir y estar activa. El invierno tiene su razón de ser, pero ¿no te alegras de sentir el calor del sol en esos primeros días de primavera?

Tal vez hoy te encuentres en una estación de tristeza, pero, al igual que el invierno da paso a la primavera, tu tristeza dará paso a la alegría. Puede que hoy no seas capaz de imaginar la risa y el canto. Confía en que estoy trabajando. No te abandonaré en el dolor.

El velo se levantará. No te dejaré caer en la oscuridad. Eres hija de la luz. Tú vales mucho para mí.

Porque he aquí ha pasado el invierno,
Se ha mudado, la lluvia se fue;
Se han mostrado las flores en la tierra,
El tiempo de la canción ha venido,
Y en nuestro país se ha oído la voz de la tórtola.
CANTARES 2.11–12 RVR1960

No debes temer a la oscuridad.

Incluso cuando estás sola,

no estás realmente sola.

Yo estoy contigo.

Siempre a salvo

Hay una batalla espiritual que se libra en todo momento. Yo lucho por ti. Al maligno nada le gustaría más que derribarte por ser creyente. Él quiere hacerte creer que no vales nada y que no tienes esperanza. Satanás quiere que te entregues a la depresión y a la tristeza. Quiere que compres la mentira de que nada cambiará y que nunca volverás a ser feliz.

Satanás puede influir en ti si se lo permites, pero tu alma está segura para siempre conmigo. No eres de su reino, porque estás segura en el mío. No eres de este mundo, pero estás en él por un tiempo. No debes temer a la oscuridad. Incluso cuando estás sola, no estás realmente sola. Yo estoy contigo.

Así que podemos decir con toda confianza:
«El Señor es quien me ayuda; no temeré.
¿Qué me puede hacer un simple mortal?».
HEBREOS 13.6 NVI

Tu ayudador

Es difícil pedir ayuda. Eres buena para darla, pero se necesita humildad para pedirla. Yo soy tu ayudador. Siempre estoy aquí. Pídeme que te ayude en las áreas en que te hace falta. Pídeme que te proporcione lo que necesitas. Estoy dispuesto a responder a tus oraciones.

He puesto otros ayudadores en tu vida. ¿Los reconoces? ¿Permites que los que están en tu vida se acerquen a ti, o estás aislada y retraída? ¿Has construido muros alrededor de tu corazón, demasiado asustada para volver a ser vulnerable? Hija, quiero bendecirte a través de los que he puesto en tus círculos. Permite que otros te ayuden. Crecerás a partir de las relaciones con ellos. Tal vez tú también puedas ayudarles de alguna manera. Busca a tu alrededor a los que te ayudan en la vida.

El Señor está conmigo, él es mi ayuda;
¡ya veré por los suelos a los que me odian!
SALMOS 118.7 NVI

Cuanto más amas

Es fácil orar por tus seres queridos, pero es una tarea difícil orar por tus enemigos. Sin embargo, esta es mi voluntad para ti, hija. Cambiará tu perspectiva. Incluso puede cambiar tu vida.

Yo oré por los que me perseguían. Clamé al Padre a favor de los que me crucificaron. Te pido que hagas lo mismo. Es por tu propio bien por lo que te pido esto.

Cuando ores por aquellos que te han herido, tu corazón aprenderá a perdonarlos. El perdón es la única manera de ser verdaderamente libre. Cuando ores por estas personas, tu amor por ellas crecerá. Cuanto más ames, menos daño harás.

Ora por los que te hacen daño. No siempre es fácil, pero es mi camino para ti. Comienza hoy.

Pero yo les digo: Amen a sus enemigos
y oren por los que los persiguen.
MATEO 5.44 BLPH

Brilla con fuerza

Sé que es un misterio para ti, pero el Padre y yo somos uno. Con el Espíritu Santo, formamos la Trinidad. Estamos separados y, sin embargo, unidos como uno solo. Yo vine al mundo y viví entre la gente. Fui plenamente hombre y, a la vez, plenamente Dios. Vine a abrir un camino para que la humanidad se reconciliara con Dios.

En mí no hay oscuridad. Yo soy uno con el Padre y el Padre es pura luz. Tú eres hija de la luz. Pasas el tiempo en un mundo oscuro, pero puedes elegir brillar para mí en él. Si permaneces en las sombras, nadie sabrá que me perteneces. Brilla con fuerza, hija. Deja de lado el odio y la disensión que el mundo promueve. Llénate, en cambio, del fruto del Espíritu. Mi camino es el camino de la luz y del amor.

Este es el mensaje que escuchamos a Jesucristo
y que ahora les anunciamos: Dios es luz
sin mezcla de tinieblas.
1 JUAN 1.5 BLPH

Todas las personas

Sé que alguien te ha hecho daño. Es duro para ti escuchar esto, pero yo amo profundamente a esa persona. He muerto para que esa persona tenga vida eterna. Así como vine a morir por tus pecados, vine a morir por los pecados de toda la humanidad. Es mi deseo que todas las personas lleguen a conocerme.

Ora por los que te hacen daño y vienen contra ti. Yo llamo a los creyentes a vivir en paz. Esto no significa que tengan que volver a ser las mejores de las amigas. Tal vez tengas que poner algunos límites o mantener la distancia con algunas personas, pero puedes seguir orando por ellas. Con el tiempo, incluso podrás ofrecer el perdón.

No me gusta nada que te hagan daño, preciosa mía, pero amo a toda la humanidad y no deseo que nadie perezca en el pecado.

Porque Jesucristo murió para que
nuestros pecados sean perdonados; y no solo
los nuestros, sino también los del mundo entero.
1 JUAN 2.2 BLPH

Bendiciones del presente

Así como Moisés dio mi mensaje a los israelitas hace mucho tiempo, yo te lo digo hoy: «Ya has estado en esta montaña el tiempo suficiente».

Era el momento de que los israelitas siguieran adelante. Iban a entrar en la tierra prometida, la tierra que Dios les iba a dar: una tierra que mana leche y miel. Yo tengo esa tierra para ti. Tal vez no sea una tierra literal, pero tengo un futuro para ti que es brillante y esperanzador.

Cuando te quedas demasiado tiempo en las heridas del pasado, te pierdes las bendiciones del presente y no puedes mirar hacia el futuro. ¡Abandona el campamento! Es hora de dejar atrás las cosas menores. Quiero que dejes atrás el dolor que hace que la amargura eche raíces en tu corazón. Tengo cosas buenas reservadas para ti.

Cuando estábamos en el monte Sinaí,
el Señor nuestro Dios nos dijo: «Ya pasaron bastante
tiempo en este monte. Es hora
de levantar el campamento y seguir adelante».
Deuteronomio 1.6–7 ntv

Quiero que dejes atrás el dolor que hace que la amargura eche raíces en tu corazón. Tengo cosas buenas reservadas para ti.

Te aprecio

Yo lo sé todo sobre la traición. Fui traicionado por uno de mis seguidores, uno de mis doce discípulos elegidos. Tenía que suceder así para que se cumpliera el plan de Dios, pero me entristeció mucho que alguien tan cercano se volviera contra mí. Sucedió por solo treinta piezas de plata. ¿No valía yo para él más que la riqueza material?

Sé lo que se siente cuando alguien en quien confías te decepciona. Sé que duele. Ese dolor puede ser más profundo que cualquier otro.

Confiaste en alguien. Compartiste tu corazón con esa persona. No esperabas una traición. Sé que fue un duro golpe y lamento que hayas tenido que experimentarlo.

Tienes que saber que, cuando otros te abandonan, yo te aprecio. Lo que estaba destinado al mal yo lo usaré para el bien en tu vida. Esa es una promesa en la que puedes apoyarte.

Cuando Judas, quien lo había traicionado,
se dio cuenta de que habían condenado a muerte
a Jesús, se llenó de remordimiento. Así que devolvió
las treinta piezas de plata a los principales
sacerdotes y a los ancianos.
MATEO 27.3 NTV

Entre bastidores

Sé que es difícil no dudar de mí. Uno de mis seguidores más cercanos no creyó que yo fuera el que resucitó de la tumba. Tuvo que tocar mis manos heridas por los clavos para convencerse de que era realmente yo. Es mucho más difícil creer cuando no puedes verme o tocarme.

Siempre estoy contigo. Me preocupa tu día a día. Te amo, hija. Cuando empieces a dudar de si me intereso por ti, recuerda que yo morí por tus pecados. Tomé tu lugar. Te amo inmensamente.

Incluso cuando parece que no me muevo, estoy actuando entre bastidores en tu vida. Confía en que soy quien digo ser. Soy Jesús, tu Salvador y tu mejor amigo. Eso nunca cambiará.

Entonces le dijo a Tomás:
—Pon tu dedo aquí y mira mis manos;
mete tu mano en la herida de mi costado.
Ya no seas incrédulo. ¡Cree!
JUAN 20.27 NTV

En el momento justo

Yo siempre voy a proveer para ti. Así como Dios proveyó un carnero para ser sacrificado en lugar de Isaac, yo proveeré tus necesidades en el momento justo. Puede parecer que tu historia se está desarrollando de una manera, pero yo puedo cambiar la dirección en un instante. No estoy limitado por lo que puedes ver. Soy capaz de hacer mucho más de lo que puedas imaginar.

Abraham fue obediente. Tomó a su amado hijo y subió a la montaña por la mañana temprano. No quería matar a su hijo, pero estaba dispuesto a sacrificarlo, porque así se lo había ordenado Dios.

Sé obediente. Esfuérzate por hacer mi voluntad y por utilizar tus dones para mi gloria. Deja que yo me encargue del resto. Incluso cuando parezca que el resultado vaya a ser sombrío, confía en mí. Yo proveeré.

Entonces alzó Abraham sus ojos y miró,
y he aquí a sus espaldas un carnero trabado
en un zarzal por sus cuernos; y fue Abraham
y tomó el carnero, y lo ofreció en holocausto
en lugar de su hijo.
GÉNESIS 22.13 RVR1960

Siempre disponible

Yo estoy siempre disponible. No soy como tu familia y amigos, que a veces están demasiado ocupados para escucharte o pasar tiempo contigo. Yo no duermo. Mis ojos están siempre recorriendo la tierra, buscando a mis fieles servidores. Nunca me canso de nuestras conversaciones. Me interesa lo que te interesa, y quiero saber lo que anhelas, lo que te duele y lo que necesitas.

Llámame en cualquier momento del día. Por la mañana, al mediodía, por la noche y en cualquier otro momento. Tómate unos minutos para alabarme, para pedirme que esté contigo, o simplemente para reconocerme. Yo camino a tu lado a lo largo de tu día. Estoy en tu lugar de trabajo y en el auto contigo. Siempre estoy cerca, y siempre escucho tus oraciones.

En cuanto a mí, a Dios clamaré;
Y Jehová me salvará.
Tarde y mañana y a mediodía oraré y clamaré,
Y él oirá mi voz.
SALMOS 55.16–17 RVR1960

Detente un momento

Fuiste entretejida en el vientre de tu madre. Yo te conozco y te amo plenamente. Cuando empieces a planificar tu vida, ten en cuenta que no tú eres tu propio creador. Tú eres mi oveja. Estabas en mis pensamientos mucho antes de que llegaras a existir, y tengo un futuro brillante para ti.

Te he dotado con ciertos talentos y habilidades que puedes usar para alcanzar a otros para mi reino. Estás hecha de forma única y maravillosa. Nada de lo que hago es un error.

Cuando tu mente no deje de dar vueltas y ese nudo en la garganta te diga que no hay esperanza, ni futuro, ni cambio en tu camino, detente un momento. Recuerda de quién eres. Perteneces al Rey de este universo. Tú eres mía y yo soy tu Señor. Tengo grandes propósitos para tu vida.

Reconoced que Jehová es Dios;
Él nos hizo, y no nosotros a nosotros mismos;
Pueblo suyo somos, y ovejas de su prado.
SALMOS 100.3 RVR1960

Tú eres mía y yo soy tu Señor.
Tengo grandes propósitos
para tu vida.

No se desperdicia nada

David sabía lo que significaba estar afligido. Era conocido como un varón conforme al corazón de Dios, pero tomó decisiones que lo llevaron por algunos malos caminos. Fue un adúltero y un asesino. Luego regresó a Dios.

Nunca es divertido experimentar la disciplina o el dolor, pero te hace cosechar beneficios en el camino. Aprendes a pasar tiempo en mi Palabra y en oración. Puedes sentir como si fuera todo lo que tienes. A veces tengo que permitirte llegar a ese punto para que realmente me busques con todo tu corazón.

No me alegra ver a mis hijos heridos. Pero prometo usar incluso este tiempo de dolor para tu bien. Conmigo nada se desperdicia. Yo hago que todas las cosas sean buenas en la vida de los que me aman.

Bueno me es haber sido humillado,
Para que aprenda tus estatutos.
SALMOS 119.71 RVR1960

Un equipo

Yo siempre te levantaré. Pongo mi mano debajo de tu barbilla y levanto suavemente tu cabeza cuando estás deprimida. Mira hacia arriba, hija mía. Mira siempre hacia arriba. De ahí viene tu ayuda. Eres hija del cielo. Eres mía. No tienes que sentirte avergonzada, sola o abandonada. No tienes motivos para nada de eso. Eres más que vencedora porque yo lucho por ti.

Cuando parece que todo el mundo te ha dejado, yo no. Cuando te sientas sola y abandonada, estoy dispuesto a tomar tu mano. Cuando no puedas dar un paso más, permite que tu Salvador te lleve. Yo soy tu ayudador. No espero ni deseo que seas fuerte. Yo seré tu fuerza. Anímate. Yo estoy contigo siempre, y haremos esto juntos como un equipo.

A las montañas levanto mis ojos;
¿de dónde ha de venir mi ayuda?
Mi ayuda proviene del Señor,
creador del cielo y de la tierra.
Salmos 121.1–2 nvi

Soy poderoso y soy tu Dios.

Confía en mí

en tu desilusión.

Algo grande

En tu desilusión, recuerda que mis caminos no son tus caminos. Tengo grandes planes para ti, y a veces tengo que quitar cosas de tu vida para liberar espacio para mis bendiciones. Te aferras a algo bueno —y a veces incluso a algo realmente mediocre— cuando yo quiero darte algo grande.

Yo soy el que curó a los enfermos y resucitó a los muertos. Sigo obrando hoy, igual que cuando caminaba por la tierra, limpiando al leproso de sus llagas y expulsando a los demonios de los poseídos. Soy poderoso y soy tu Dios. Confía en mí en tu desilusión. Estoy desarrollando mi plan para ti.

«Porque mis pensamientos no son los de ustedes,
ni sus caminos son los míos
—afirma el Señor—.
Mis caminos y mis pensamientos
son más altos que los de ustedes;
¡más altos que los cielos sobre la tierra!
Isaías 55.8–9 nvi

No tienes que dudar
de que escucho tu corazón
cuando oras.

Tú y yo

¿Te has fijado en mis enseñanzas sobre la oración? ¿Acaso exijo palabras rebuscadas? ¿Le dije a la gente que memorizara las oraciones de los libros y se parara ante las multitudes para recitarlas? No. Mi deseo es que encuentres tiempo para desconectar del mundo y sintonizar conmigo, tu gran fuente de poder.

La oración es algo solo entre tú y yo. No hay una agenda. No hay palabras correctas o secuencias correctas que seguir. Simplemente háblame con tu corazón. Alábame. Agradéceme. Preséntame tus necesidades y peticiones. Pregúntame, hija. Clama a mí. Y luego... escúchame. La oración es una conversación.

No tienes que preocuparte por parecer simple o por no tener las palabras adecuadas. No tienes que dudar de que escucho tu corazón cuando oras. No me preocupa tu vocabulario, sino tu corazón. Te amo, hija.

Pero tú, cuando te pongas a orar, entra en tu
cuarto, cierra la puerta y ora a tu Padre,
que está en lo secreto. Así tu Padre, que ve
lo que se hace en secreto, te recompensará.
MATEO 6.6 NVI

Los ángeles te rodean

¿Sabes cuántas veces he enviado a mis ángeles a rodearte? Yo te protejo de los peligros que ni siquiera ves. Te proporciono una salida cuando te sientes tentada. Te salvo constantemente de las trampas que el maligno te pone. Nada le gustaría más que capturarte con sus mentiras y atraerte, pero no tiene poder sobre ti. Nada puede arrebatarte de mi mano.

Te escucho clamar a mí y preguntarme por qué permito que te consuma tal desilusión. Sabes que siempre tengo en mente tu mejor interés. Yo no estoy ahí para buscarte con la intención de dañarte. Quiero bendecirte, preciosa mía. No conoces el dolor mayor del que te puedo estar salvando, aunque ahora pases por un malestar temporal.

Bendito sea el SEÑOR, que no dejó
que nos despedazaran con sus dientes.
Como las aves, hemos escapado
de la trampa del cazador;
¡la trampa se rompió,
y nosotros escapamos!
SALMOS 124.6–7 NVI

Un regalo

El día de hoy es realmente un regalo, busca lo bueno que hay en él. Si te sientes mal, haz una lista de las bendiciones que te he dado. ¿Has comido algo caliente hoy? ¿Has dormido bien esta noche? ¿Hay algún miembro de la familia o un amigo al que estés agradecida de tenerlo en tu vida? Todas estas son bendiciones que vienen directamente de mi mano.

Hay una vieja canción que recuerda a las personas que deben contar sus bendiciones y nombrarlas una por una. Yo no retengo ningún buen regalo. Yo derramo mis bendiciones en tu vida. En lugar de ver solo lo que te falta, concéntrate en todo lo que tienes. Eso te levantará el ánimo. Un corazón agradecido es algo muy atractivo para los que te rodean.

Este es el día que hizo el SEÑOR;
nos gozaremos y alegraremos en él.
SALMOS 118.24 NTV

Debes saber que un día
estarás totalmente sana
y completa en el cielo.
Esta es mi voluntad para ti.

Totalmente sanada

Las dolencias físicas pueden deprimirte de verdad. Una enfermedad o un dolor crónico pueden llevar a la depresión. Es comprensible, pero siempre hay esperanza.

Aunque tu cuerpo no funcione como antes y te sientas como si nunca fueras a ser la misma, anímate. Un día tendrás un nuevo cuerpo espiritual. Será perfecto y glorioso.

Tú eres débil, hija, pero yo soy fuerte. Pídeme hoy que te dé la energía que necesitas para afrontar las molestias y la enfermedad. Puedo curar tu cuerpo físico en este mundo, o decidir no hacerlo. Confía en que yo haré lo te conviene, aunque no lo entiendas. Debes saber que un día estarás totalmente sana y completa en el cielo. Esta es mi voluntad para ti.

Él tomará nuestro débil cuerpo mortal y lo transformará en un cuerpo glorioso, igual al de él. Lo hará valiéndose del mismo poder con el que pondrá todas las cosas bajo su dominio.
FILIPENSES 3.21 NTV

Tu verdadero hogar

Mientras vivas y respires en un mundo caído, habrá decepción, dolor y pérdida. Puede parecer que has recibido una mayor dosis de dolor que tus amigos o seres queridos. Intenta no compararte con los demás. Al igual que un padre trata a cada uno de sus hijos de forma individual, yo satisfago las necesidades de aquellos que Dios me ha confiado. Puede que no siempre parezca justo, pero siempre es lo correcto.

Estás experimentando nostalgia, hija. Tu verdadero hogar es el cielo, y un día tendrás un nuevo cuerpo y estarás en tu nuevo hogar. Ten fe. Ese día llegará. Mientras tanto, enfrenta las frustraciones con valentía. Sabes que yo obro incluso a través de tus heridas.

Así que siempre vivimos en plena confianza,
aunque sabemos que mientras vivamos
en este cuerpo no estamos en el hogar celestial
con el Señor. Pues vivimos por lo que creemos
y no por lo que vemos. Sí, estamos plenamente
confiados, y preferiríamos estar fuera
de este cuerpo terrenal porque entonces
estaríamos en el hogar celestial con el Señor.
2 CORINTIOS 5.6–8 NTV

Un lugar maravilloso

Yo no veo la muerte de la misma manera que tú. La muerte perdió su aguijón el día que me levanté de la tumba. La muerte murió ese día. Para el cristiano no existe la muerte; solo existe el paso de una vida a otra. La nueva vida que te espera es tan gloriosa que cuando estés conmigo en el cielo nunca desearás volver a la tierra.

Cuando los creyentes mueren, los que se afligen son los que se quedan atrás. Los creyentes están ahora en su hogar eterno. Los ángeles se alegran de su regreso a casa. Los seres queridos que ya están aquí en el cielo saludan a los suyos. La vida en la tierra parece un abrir y cerrar de ojos para los recién llegados cuando atraviesan las puertas del cielo.

Hija, el cielo es lo que esperas. Es lo que anhelas, aunque no lo sepas. Confía en mí. No tengas miedo de la muerte. Yo he preparado un lugar maravilloso para ti.

Mucho valor tiene a los ojos del Señor
la muerte de sus fieles.
Salmos 116.15 nvi

Los que no confían en mí vivirán
sus días en una tierra seca, pero
tú, hija, eres como un árbol
plantado junto a un río.

Mi propiedad

Yo doy familia a los que están solos. Libero a los prisioneros. Defiendo a los que no pueden defenderse por sí mismos. No estoy limitado por los límites de la fuerza o la capacidad humana. Yo soy Jesús. Soy el Hijo del Dios vivo.

Te he llamado propiedad mía y soy fiel y digno de confianza. Tal vez no hayas podido confiar en tu padre terrenal. Puedes confiar en mí. Puede que hayas perdido a tu marido. No me perderás a mí. Yo seré todo lo que necesitas. Seré tu Consolador y Sanador. Seré tu Príncipe de Paz cuando estés ansiosa y tu Escudo cuando Satanás venga contra ti con sus mentiras.

Los que no confían en mí vivirán sus días en una tierra seca, pero tú, hija, eres como un árbol plantado junto a un río.

Canten a Dios, alaben su nombre,
glorifiquen al que cabalga sobre las nubes;
su nombre es el Señor, regocíjense ante él.
Padre de los huérfanos, defensor de las viudas
es Dios en su santa morada.
SALMOS 68.5–6 BLPH

Vuélvete hacia mí

Puedes sentirte sola incluso en una casa llena de gente. Puedes sentirte completamente satisfecha cuando estás sola. La soledad es un estado de ánimo, no se trata tanto de cuántos cuerpos hay en la habitación. Todo el mundo experimenta la soledad a veces. Forma parte del ser humano.

Cuando te sientas sola, acude a mí. Literalmente, vuélvete hacia mí, hija. Arrodíllate o acurrúcate en ese gran sillón y reúnete conmigo. Estoy a solo una oración de distancia. Mientras hablas conmigo, pídeme que llene el vacío que hay en ti. Hay, ya lo sabes, un hueco con la forma de Dios en todos los humanos. No puede ser llenado con nadie ni con nada más que conmigo.

La soledad tiene un gran propósito. Te acerca a tu Mesías. Me permite satisfacer tus necesidades y ministrarte. Yo te amo.

Vuelve a mí tu rostro y tenme compasión,
pues me encuentro solo y afligido.
SALMOS 25.16 NVI

Portador de la gracia

Discreción. Sentido común. Integridad. No importa cómo lo llames, es útil para la persona. Cuando puedes detenerte en el fragor del momento y respirar hondo, estás mostrando sabiduría. Sé lenta para la ira.

Una de las principales formas en que puedes ser una testigo para mí es a través de tu amor. Es muy fácil amar a los que te aman. Es fácil ser compasiva y generosa con los que te tratan bien.

¿Qué pasa con el que ha herido tu corazón? ¿Y el que merece una buena reprimenda? Cuando pasas por alto una ofensa —por pequeña o grande que sea— estás mostrando discreción. Yo veo la forma en que la otra persona te ha herido. Ninguna ofensa pasa desapercibida para tu Salvador. Hay una cosa que se llama gracia. Tú eres receptora de ella. Sé también portadora de ella una y otra vez. Setenta veces siete. Te servirá de mucho.

La discreción del hombre le hace
lento para la ira,
Y su gloria es pasar por alto una ofensa.
PROVERBIOS 19.11 NBLA

La regla de oro

«Trata a los demás como quieres que te traten a ti» es un dicho que probablemente hayas escuchado toda tu vida. Algunos lo llaman la Regla de Oro. Es una afirmación sencilla, pero difícil de cumplir.

Cuando fallas, ¿quieres que te perdonen? Cuando has herido a alguien, ¿desearías poder retirar las palabras o las acciones? Todos han pecado. Todos están destituidos de la gloria de Dios. No estás sola.

Así que, cuando la gente te hiere con sus palabras, recuerda que tus palabras también han herido a alguien en el camino. Cuando te rechacen, considera que alguien puede haberse sentido rechazado por ti en el pasado. ¿Te han mostrado gracia? De no ser así, ¿no habría sido el perdón como un vaso de agua fría en un caluroso día de verano?

He derramado misericordia sobre ti. Cuando aún eras una pecadora, morí por ti. A los que se les ha dado mucho, se les exige mucho. Trata a los demás con el favor inmerecido que has recibido.

Traten a los demás como les gustaría
que ellos los trataran a ustedes.
LUCAS 6.31 NTV

Mía para siempre

Yo lo sé todo sobre ser rechazado. Fui rechazado por muchas personas. No creyeron que yo fuera el Hijo de Dios. Al final, hasta mis propios discípulos me repudiaron. Dijeron que no me conocían. Se escondieron en las sombras mientras yo moría en la cruz. No lo entendían.

No dejes que el rechazo te defina. Tus amigos o incluso tus propios familiares pueden abandonarte. Es posible que luchen con demonios internos o adicciones que limitan su capacidad de amar. Tal vez quieran estar cerca de ti, pero sus propios espíritus pueden mantenerlos a distancia debido a las heridas que soportan.

Sé que el abandono produce un dolor agudo. Es muy duro ser abandonada por alguien en quien confiabas. Debes saber que aunque tus padres, tus hijos o tu pareja te rechacen, yo nunca te abandonaré. Tú eres mía por siempre y para siempre, y es mi deleite ser tu Señor y tu Amigo.

Porque aunque mi padre y mi madre
me hayan abandonado,
El Señor me recogerá.
SALMOS 27.10 NBLA

Tú céntrate en caminar
cerca de mí y en adorarme.
Yo te bendeciré con los deseos
de tu corazón.

Los deseos de tu corazón

Puedes preguntarte por qué parece que los que vienen contra ti prosperan mientras tú sigues esperando una bendición. Confía en mi tiempo y en mi corazón. No me he olvidado de ti.

Que no castigue a alguien al instante no significa que no haya visto su maldad. Mis caminos, recuerda, son más elevados que los tuyos. Yo soy bondadoso. Doy segundas oportunidades, y terceras, y cuartas... Si alguien continúa con un estilo de vida que es descaradamente malo, no te preocupes. Esa persona experimentará mi ira a su debido tiempo. No envidies a los demás.

Confía en que yo haré lo que es correcto para ti. Tú céntrate en caminar cerca de mí y en adorarme. Yo te bendeciré con los deseos de tu corazón.

No te impacientes a causa de los malignos,
Ni tengas envidia de los que hacen iniquidad.
Porque como hierba serán pronto cortados,
Y como la hierba verde se secarán.
Confía en Jehová, y haz el bien;
Y habitarás en la tierra, y te apacentarás de la verdad.
Deléitate asimismo en Jehová,
Y él te concederá las peticiones de tu corazón.
Salmos 37.1–4 RVR1960

El precio

¿Te ha perseguido alguien por ser creyente? Tal vez no haya sido tan drástico como lo que experimentó Esteban, pero puede que hayas sufrido por mi nombre. Puedes estar segura de que cualquier sufrimiento que soportes por causa de mi nombre será recompensado en el cielo.

Esteban fue condenado a muerte por decir la verdad. Lo apedrearon, lo mataron de una manera horrenda y, sin embargo, oró por los que lo asesinaron. Me vio de pie a la derecha del Padre, y sabía a dónde iba. Se preocupó por las almas de los que le tiraban piedras. Eso es un corazón compasivo.

Considera el precio de seguirme. Si para ti vale la pena, considera un honor defender mi nombre hasta la muerte.

Y mientras lo apedreaban, Esteban
invocaba al Señor y decía:
«Señor Jesús, recibe mi espíritu».
Cayendo de rodillas, clamó en alta voz:
«Señor, no les tomes en cuenta este pecado».
Habiendo dicho esto, durmió.
Hch 7.59–60 nbla

Compasión

Cuando un miembro de la familia se hace daño, todos sufren. Lo mismo debería ocurrir con el cuerpo de Cristo. Practica llevar las cargas de otros como si fueran las tuyas propias. Deberías estar tan llena de compasión cuando un hermano o hermana cristiano está sufriendo que te sientas movida a actuar.

Yo fui llamado a dar mi vida por la humanidad. Del mismo modo, tú debes dejar tus propios deseos y mirar por las necesidades de los demás. Cuida de los huérfanos y las viudas. Busca a los miembros de tu comunidad que se sientan solos o que tengan problemas. Visítalos. Busca a los que están deprimidos. Una palabra amable o una sonrisa pueden ayudar mucho. Mira las cargas de los demás como si fueran tuyas. Esto es algo que me agrada, hija.

Ayúdense unos a otros a llevar sus cargas,
y así cumplirán la ley de Cristo.
GÁLATAS 6.2 NVI

Dadores

A menudo, las personas que dan no son aprecia-
das. Es posible que hayas dado hasta que no te que-
dara nada y, sin embargo, te hayas encontrado con
el rechazo de aquellos a los que has servido. Puede
que estés totalmente agotada de tanto hacer por los
demás y, sin embargo, no hayas recibido ni un solo
«gracias». Lo entiendo.

Yo curé a diez hombres de la terrible enfermedad de la lepra. Uno de ellos me dio las gracias.

Yo no era el rey que el pueblo buscaba. Querían pompa y fanfarria, pero yo entré en la ciu-
dad montado en un burro. No sabían lo que veían
cuando me miraban a los ojos. Si hubieran mirado
un poco más profundamente, habrían visto cómo
el amor y la gracia les devolvían la mirada.

Experimenté el rechazo. No fui apreciado.
Entiendo ese tipo de dolor. Aguanta, hija mía. Se
acerca el día en que recibirás tu recompensa. No
dejes de hacer el bien.

Despreciado y rechazado por los hombres,
varón de dolores, hecho para el sufrimiento.
Todos evitaban mirarlo;
fue despreciado, y no lo estimamos.
Isaías 53.3 nvi

Aguanta, hija mía. Se acerca
el día en que recibirás tu
recompensa.

Vive en el poder del Espíritu
Santo. Sigue con ahínco
en pos de mí todos tus días.

Mírame

En tus propias fuerzas, no puedes complacerme.
Pero, cuando confías en la obra del Espíritu Santo
dentro de ti, sí es posible. Anda por mis caminos.
Sigue mis estatutos. Busca mi rostro en todos los
asuntos. Yo te cubriré con mi protección. Cuando
otros te vean, me verán a mí. Incluso tus enemigos
reconocerán mi favor sobre tu vida. Ellos querrán
estar en paz contigo.

Mis hijos destacan entre la multitud. No es la
forma en que atraviesan los buenos tiempos lo que
resulta único. Es su reacción ante la adversidad
lo que realmente atrae a los no creyentes que les
rodean. Vive en el poder del Espíritu Santo. Sigue
con ahínco en pos de mí todos tus días. Camina
humildemente y haz el bien a todas las personas.
Yo me encargaré del resto. Te bendeciré y te guar-
daré.

Cuando los caminos del hombre
son agradables a Jehová,
Aun a sus enemigos hace estar en paz con él.
PROVERBIOS 16.7 RVR1960

Recogerte

Un buen padre se agachará para cargar a su hijo cuando este esté muy cansado y no pueda caminar. Imagina cómo el padre lleva al niño sobre sus hombros. Así es como te llevo yo. Sé que eres débil y que el mundo te lanza muchas bolas de nieve. Sé que hay heridas y decepciones que te hacen tropezar. Yo estoy aquí para recogerte, sacudirte el polvo y ponerte de nuevo en el camino correcto.

No espero que seas perfecta. Solo quiero que camines conmigo y te mantengas cerca de mí. Sé que eres humana. Yo te hice. Lo sé todo sobre ti. Yo seré tu fuerza cuando seas débil. Deja que yo sea tu fuerza.

Como el padre se compadece de los hijos,
Se compadece Jehová de los que le temen.
Porque él conoce nuestra condición;
Se acuerda de que somos polvo.
SALMOS 103.13–14 RVR1960

Veo tu corazón

Ser acusada en falso o malinterpretada siempre es doloroso. A José le tendió una trampa la mujer de Potifar. Lo incriminaron. Potifar lo metió en la cárcel, pero Dios estuvo con él allí. Dios le mostró su favor incluso en la cárcel.

Tal vez sientas que te han malinterpretado o incluso que te han acusado falsamente de hacer algo que no has hecho. Debes saber que, incluso cuando los demás te tratan injustamente, yo estoy contigo. Yo puedo bendecirte y sacar algo bueno de cualquier situación. No hay un conjunto de circunstancias que sea tan sombrío como para que yo no pueda obrar en ellas, hija.

A menudo es mejor quedarse quieta. En lugar de defenderte, deja que tu carácter hable por sí mismo. Yo veo tu corazón. Puedes hallar mi favor independientemente de lo que otros digan o piensen.

Y tomó su amo a José, y lo puso en la cárcel,
donde estaban los presos del rey, y estuvo allí
en la cárcel. Pero Jehová estaba con José
y le extendió su misericordia, y le dio gracia
en los ojos del jefe de la cárcel.
GÉNESIS 39.20–21 RVR1960

Oportunidades

Tienes un número limitado de días en la tierra, hija. Cada día ordenado para ti está escrito en mi libro. Llegará un día en el que dejarás la vida tal y como la conoces para entrar en tu hogar eterno en el cielo.

Como la vida es corta y cada día es un regalo, trata de encontrar lo bueno en cada veinticuatro horas que recibes. Ora para que cada día puedas ser una bendición para alguien que esté sufriendo. Busca oportunidades para mostrar mi amor.

En tus días oscuros, es fácil desear que la vida desaparezca. Te preguntas si podrás pasar otra semana hasta el fin de semana. Cuentas los días que faltan para tus próximas vacaciones.

La vida es un regalo que te hago, hija, aprende a verla así. Quiero que hagas que cada día cuente. Quiero que tengas una vida abundante.

Enséñanos a entender la brevedad de la vida,
para que crezcamos en sabiduría.
Salmos 90.12 NTV

Desinterés

Estás construyendo una reputación para ti. Cada día, apilas otro ladrillo en la estructura con tus palabras y acciones. Cuando estás demasiado absorbida por tus propios problemas y anhelos, se añade un ladrillo llamado ensimismamiento. Cuando miras fuera de ti para ver y satisfacer las necesidades de los demás, se añade un ladrillo llamado desinterés.

Cuando la gente mira tu vida, ¿ve a una persona piadosa que encuentra lo bueno en cada situación y que siempre busca complacerme? ¿O ven un alma abatida, que solo piensa en sus propios problemas?

Quieres dejar un legado divino. Quieres ser conocida como alguien que siguió con ahínco a su Salvador. Sé que este es el deseo de tu corazón. Asegúrate de que tus acciones coincidan con ese deseo.

> *Tenemos buenos recuerdos de los justos,*
> *pero el nombre del perverso se pudre.*
> PROVERBIOS 10.7 NTV

Sin registro de errores

Hija, ¿conoces a esa persona que hirió tu espíritu? ¿La que dijo esas cosas odiosas y te decepcionó? ¿Conoces a ese individuo contra el que has guardado rencor durante demasiado tiempo? Piensa en dejar ir el rencor hoy mismo. El perdón es una elección. Es posible que no sea fácil. Tal vez mañana vuelvas a sentir ese resentimiento y tengas que intentar perdonar de nuevo. Pero siempre es una elección.

Al igual que el padre corrió hacia el encuentro de su hijo pródigo, tiende tu mano en señal de perdón a la persona que te hirió. Albergar el odio no hace nada bueno por ti ni por la otra persona. Si tu orgullo te impide perdonar, es hora de dejar tu orgullo, hija. El amor no guarda registro de los errores, ni siquiera de los más graves. Ni siquiera de los agravios que te escuecen el alma. Cuando los dejes ir, hallarás sanidad.

Todavía estaba lejos cuando su padre
lo vio y se compadeció de él; salió corriendo
a su encuentro, lo abrazó y lo besó.
LUCAS 15.20 NVI

Gran Libertador

No solo soy tu Salvador del pecado; también soy tu gran Libertador. Vigilo tu vida y te protejo del peligro. Cuando te encuentres al límite de tus fuerzas, cuando el día no pueda ser más oscuro, cuando sientas que literalmente no puedes continuar, yo estoy ahí. Te libraré no solo una vez, sino una y otra vez.

No pongas tu esperanza en las cosas del mundo. El dinero y las posesiones materiales solo traerán felicidad temporal. Cuando te enfrentes a las pruebas de la vida, a las dificultades o a tus últimos momentos, no invocarás esas cosas. Me invocarás a mí.

No pongas tu esperanza en otras personas. Son grandes bendiciones para tu vida, pero no son tu salvación ni tu sustento. Yo lo soy.

Confía en mí, hija. Yo te libraré.

Él nos libró y nos librará de tal peligro
de muerte. En él tenemos puesta
nuestra esperanza, y él seguirá librándonos.
2 Corintios 1.10 nvi

Pídeme

Se dice que Jabés era más honorable que sus hermanos. Su nombre se lo puso su madre, que tuvo un parto doloroso cuando él nació. Jabés significa «doloroso» o «hacedor de dolor». Oró para estar protegido del dolor y la tristeza. Pidió una bendición, y su oración fue escuchada y respondida.

La oración de Jabés también incluye una petición para que la mano de Dios estuviese con él. Él sabía que necesitaba protección y guía. Jabés sabía de dónde venía toda buena dádiva y conocía su fuente de fuerza.

Yo estaré contigo, hija. Pídeme. Ven ante mí y busca fervientemente mi voluntad. Yo me deleito en responder tus oraciones.

Jabés le rogó al Dios de Israel:
«Bendíceme y ensancha mi territorio;
ayúdame y líbrame del mal,
para que no padezca aflicción».
Y Dios le concedió su petición.
1 CRÓNICAS 4.10 NVI

Ven ante mí y busca
fervientemente mi voluntad.
Yo me deleito en responder
tus oraciones.

Correcto y agradable

Sé que parece que el malo siempre recibe lo que se merece el bueno. Sé que a veces sientes que estás perdiendo la batalla. Lo entiendo. El sufrimiento nunca es fácil. Es muy duro sufrir por hacer lo correcto, mientras la gente que ha hecho el mal parece beneficiarse.

Al final todas las cosas se arreglarán. Confía en mí. Continúa haciendo lo que es correcto y agradable para mí. Al final valdrá la pena. Cosecharás muchos más beneficios si haces las cosas de la manera correcta en lugar de buscar atajos.

Me siento muy orgulloso de ti cuando me defiendes y te enfrentas a las consecuencias de ello. No siempre es lo más común, pero siempre es lo correcto. Me complace cuando te veo tomar buenas decisiones sin importar el resultado inmediato.

En cambio, si sufren por hacer el bien,
eso merece elogio delante de Dios.
1 PEDRO 2.20 NVI

El camino estrecho

Sigue adelante. Puede parecer que los que desprecian mi nombre prosperan, pero al final verás que no es así. Quiero que sigas siendo fiel, hija. Continúa haciendo el bien en mi nombre. No abandones mis caminos. Sigue las directrices que te he dado en mi Palabra. Las Escrituras nunca te desviarán.

Hay personas que toman atajos y ven gris en lugares donde mi Palabra dice blanco o negro. Estos no son mis caminos. Estos no son los caminos del creyente.

Mantente en el camino estrecho. Son menos los que caminan por esta senda, pero es el camino que lleva a la verdadera recompensa. Te amo, hija, y quiero lo mejor para ti. Tu fidelidad a mí no pasa desapercibida. No quedará sin recompensa.

El inconstante recibirá todo el pago
de su inconstancia;
el hombre bueno, el premio de sus acciones.
PROVERBIOS 14.14 NVI

Espera...

La espera no es fácil. Puede ser un proceso muy frustrante, sobre todo si se prolonga en el tiempo. Sé que estás esperando que yo haga algo grande en tu vida. Sé paciente, incluso cuando te parezca que llevas una eternidad esperando.

Le prometí un hijo a Sara, y dio a luz uno en su vejez. Noé construyó un arca, y las inundaciones llegaron, tal como dije. Yo cumplo mi palabra, hija. Tengo tu futuro en mis manos, tal como lo he prometido. Yo soy el Dador de toda buena dádiva. Yo sé los planes que tengo para ti, planes para darte esperanza y un futuro brillante.

Espera en mí. Mientras tanto, permíteme ser tu ayudador. Yo siempre estoy cercano.

Esperamos confiados en el SEÑOR;
él es nuestro socorro y nuestro escudo.
SALMOS 33.20 NVI

Guarda tu corazón

Te digo que guardes tu corazón, hija. Esto no significa que tengas que construir muros y no dejar entrar a nadie. Simplemente significa que debes ser cautelosa. Asegúrate de conocer a las personas antes de dejarlas entrar en tu corazón. Cuando tu corazón se rompe, tarda en sanar. No puedes servirme de la mejor manera posible en ese estado.

Pon tu corazón en las cosas que realmente importan en esta vida. No desperdicies tus afectos en cosas materiales como el dinero. Invierte tu energía, tu atención e incluso tus emociones sabiamente. Solo hay un tiempo determinado en el día y solo hay un número determinado de cosas a las que puedes decir que sí. Usa el discernimiento al hacer estas elecciones.

Cuida tu corazón. Es la parte de ti de la que fluye la vida.

Por sobre todas las cosas cuida tu corazón,
porque de él mana la vida.
Proverbios 4.23 nvi

Búscame hoy. Siempre estoy
cerca. La paz sea contigo,
hija mía.

Búscame

Después de mi resurrección me aparecí a muchos. Estaban sorprendidos. Algunos pensaban que estaban viendo un fantasma. No entendieron cuando les dije que resucitaría después de tres días, por lo que se quedaron atónitos cuando la profecía se hizo realidad.

Algunos me creyeron al instante. Otros, como Tomás, tardaron en convencerse de que era realmente yo.

¿Me reconoces cuando vengo a ti, hija? Tal vez no me aparezca a ti en forma corporal como lo hice con mis discípulos y otros después de mi resurrección, pero sí me presento a ti.

Yo vengo a ti a través de una amiga que te llama en el momento justo cuando te sientes mal. Vengo a ti en la creación cuando pinto gloriosos atardeceres en el cielo que te recuerdan mi grandeza.

Búscame hoy. Siempre estoy cerca. La paz sea contigo, hija mía.

Todavía estaban ellos hablando acerca de esto,
cuando Jesús mismo se puso en me-dio
de ellos y les dijo: —Paz a ustedes.
Aterrorizados, creyeron que veían a un espíritu.
LUCAS 24.36–37 NVI

Justo donde estás

Intenta no mirar atrás y preguntarte si has tomado las decisiones correctas. Es fácil dejarse llevar por la senda de las preguntas: «¿Me casé con la persona adecuada?» o «¿Habría sido más feliz si me hubiera quedado en mi otro trabajo?».

Te puse donde estás por una razón. Soy más que capaz de utilizar para bien todas las cosas de tu vida, incluso las decisiones equivocadas o los errores.

Mirar hacia atrás con lentes de color rosa hace que el pasado parezca más atractivo que el presente. Pero, si te quedas en el pasado, te perderás lo que estoy haciendo. Estoy haciendo algo nuevo en tu vida. Nunca dejo de trabajar. Nunca dejo de traer nuevas personas y oportunidades a tu vida. Confía en mí. Avancemos juntos.

Nunca preguntes por qué
todo tiempo pasado fue mejor.
No es de sabios hacer tales preguntas.
Eclesiastés 7.10 nvi

Di mi nombre

Cuando estés sufriendo, quédate quieta. Ven ante mí y simplemente di mi nombre. Descansa en mi presencia. No te exijo nada más que tu tiempo. Búscame y me encontrarás. Acércate a mí y te abrazaré.

Cuanto más profunda sea la herida, más tiempo necesitas pasar en mi presencia. Yo no disfruto con tus lágrimas. Me hacen daño en el corazón. Pero tu dolor hace que te apoyes más plenamente en mí. Aquí es donde quiero que estés, totalmente dependiente de tu Salvador.

Quiero ser el Señor de tu vida. Te pido que me entregues cada área de tu vida, sin retener una o dos que creas que puedes manejar por tu cuenta. Deja tus cargas y quédate tranquila. Yo soy tu Señor. Yo cuidaré de ti. Este es mi trabajo.

Quédense quietos, reconozcan que yo soy Dios.
¡Yo seré exaltado entre las naciones!
¡Yo seré enaltecido en la tierra!
SALMOS 46.10 NVI

Rutinas

Establece rutinas en tu vida, hija. Crea rutinas que incluyan oración y tiempo en mi Palabra. Estas te servirán cuando te encuentres con días de catástrofe o angustia.

Daniel tenía el hábito de orar con regularidad. Era disciplinado en esto. Por eso, cuando el rey ordenó que no se orara a otros dioses, Daniel supo qué hacer. No hizo caso y siguió con su rutina. Vino directamente a mí. No iba a dejarse desviar por un rey terrenal y perder de vista a su Señor celestial.

Aprende de Daniel. Escoge un momento del día, o más de uno, en el que venir a orar ante mí. Cíñete a ella. No importa qué heridas o desilusiones se presenten en tu camino, establece esta rutina y mantenla. Marcará una gran diferencia en tu vida.

Cuando Daniel se enteró de la publicación del decreto, se fue a su casa y subió a su dormitorio, cuyas ventanas se abrían en dirección a Jerusalén. Allí se arrodilló y se puso a orar y alabar a Dios, pues tenía por costumbre orar tres veces al día.
DANIEL 6.10 NVI

Índice de citas bíblicas

Salmos

Lee la Biblia en un año

1-Ene	Gn 1-2	Mt 1	Sal 1
2-Ene	Gn 3-4	Mt 2	Sal 2
3-Ene	Gn 5-7	Mt 3	Sal 3
4-Ene	Gn 8-10	Mt 4	Sal 4
5-Ene	Gn 11-13	Mt 5.1-20	Sal 5
6-Ene	Gn 14-16	Mt 5.21-48	Sal 6
7-Ene	Gn 17-18	Mt 6.1-18	Sal 7
8-Ene	Gn 19-20	Mt 6.19-34	Sal 8
9-Ene	Gn 21-23	Mt 7.1-11	Sal 9.1-8
10-Ene	Gn 24	Mt 7.12-29	Sal 9.9-20
11-Ene	Gn 25-26	Mt 8.1-17	Sal 10.1-11
12-Ene	Gn 27.1-28.9	Mt 8.18-34	Sal 10.12-18
13-Ene	Gn 28.10-29.35	Mt 9	Sal 11
14-Ene	Gn 30.1-31.21	Mt 10.1-15	Sal 12
15-Ene	Gn 31.22-32.21	Mt 10.16-36	Sal 13
16-Ene	Gn 32.22-34.31	Mt 10.37-11.6	Sal 14
17-Ene	Gn 35-36	Mt 11.7-24	Sal 15
18-Ene	Gn 37-38	Mt 11.25-30	Sal 16
19-Ene	Gn 39-40	Mt 12.1-29	Sal 17
20-Ene	Gn 41	Mt 12.30-50	Sal 18.1-15
21-Ene	Gn 42-43	Mt 13.1-9	Sal 18.16-29
22-Ene	Gn 44-45	Mt 13.10-23	Sal 18.30-50
23-Ene	Gn 46.1-47.26	Mt 13.24-43	Sal 19
24-Ene	Gn 47.27-49.28	Mt 13.44-58	Sal 20
25-Ene	Gn 49.29-Éx 1.22	Mt 14	Sal 21
26-Ene	Éx 2-3	Mt 15.1-28	Sal 22.1-21
27-Ene	Éx 41-5.21	Mt 15.29-16.12	Sal 22.22-31
28-Ene	Éx 5.22-7.24	Mt 16.13-28	Sal 23
29-Ene	Éx 7.25-9.35	Mt 17.1-9	Sal 24
30-Ene	Éx 10-11	Mt 17.10-27	Sal 25
31-Ene	Éx 12	Mt 18.1-20	Sal 26
1-Feb	Éx 13-14	Mt 18.21-35	Sal 27
2-Feb	Éx 15-16	Mt 19.1-15	Sal 28
3-Feb	Éx 17-19	Mt 19.16-30	Sal 29
4-Feb	Éx 20-21	Mt 20.1-19	Sal 30
5-Feb	Éx 22-23	Mt 20.20-34	Sal 31.1-8
6-Feb	Éx 24-25	Mt 21.1-27	Sal 31.9-18
7-Feb	Éx 26-27	Mt 21.28-46	Sal 31.19-24
8-Feb	Éx 28	Mt 22	Sal 32

24-Mar	Nm 29.12-30.16	Lc 3	Sal 60.1-5
25-Mar	Nm 31	Lc 4	Sal 60.6-12
26-Mar	Nm 32-33	Lc 5.1-16	Sal 61
27-Mar	Nm 34-36	Lc 5.17-32	Sal 62.1-6
28-Mar	Dt 1.1-2.25	Lc 5.33-6.11	Sal 62.7-12
29-Mar	Dt 2.26-4.14	Lc 6.12-35	Sal 63.1-5
30-Mar	Dt 4.15-5.22	Lc 6.36-49	Sal 63.6-11
31-Mar	Dt 5.23-7.26	Lc 7.1-17	Sal 64.1-5
1-Abr	Dt 8-9	Lc 7.18-35	Sal 64.6-10
2-Abr	Dt 10-11	Lc 7.36-8.3	Sal 65.1-8
3-Abr	Dt 12-13	Lc 8.4-21	Sal 65.9-13
4-Abr	Dt 14.1-16.8	Lc 8.22-39	Sal 66.1-7
5-Abr	Dt 16.9-18.22	Lc 8.40-56	Sal 66.8-15
6-Abr	Dt 19.1-21.9	Lc 9.1-22	Sal 66.16-20
7-Abr	Dt 21.10-23.8	Lc 9.23-42	Sal 67
8-Abr	Dt 23.9-25.19	Lc 9.43-62	Sal 68.1-6
9-Abr	Dt 26.1-28.14	Lc 10.1-20	Sal 68.7-14
10-Abr	Dt 28.15-68	Lc 10.21-37	Sal 68.15-19
11-Abr	Dt 29-30	Lc 10.38-11.23	Sal 68.20-27
12-Abr	Dt 31.1-32.22	Lc 11.24-36	Sal 68.28-35
13-Abr	Dt 32.23-33.29	Lc 11.37-54	Sal 69.1-9
14-Abr	Dt 34-Jos 2	Lc 12.1-15	Sal 69.10-17
15-Abr	Jos 3.1-5.12	Lc 12.16-40	Sal 69.18-28
16-Abr	Jos 5.13-7.26	Lc 12.41-48	Sal 69.29-36
17-Abr	Jos 8-9	Lc 12.49-59	Sal 70
18-Abr	Jos 10.1-11.15	Lc 13.1-21	Sal 71.1-6
19-Abr	Jos 11.16-13.33	Lc 13.22-35	Sal 71.7-16
20-Abr	Jos 14-16	Lc 14.1-15	Sal 71.17-21
21-Abr	Jos 17.1-19.16	Lc 14.16-35	Sal 71.22-24
22-Abr	Jos 19.17-21.42	Lc 15.1-10	Sal 72.1-11
23-Abr	Jos 21.43-22.34	Lc 15.11-32	Sal 72.12-20
24-Abr	Jos 23-24	Lc 16.1-18	Sal 73.1-9
25-Abr	Jue 1-2	Lc 16.19-17.10	Sal 73.10-20
26-Abr	Jue 3-4	Lc 17.11-37	Sal 73.21-28
27-Abr	Jue 5.1-6.24	Lc 18.1-17	Sal 74.1-3
28-Abr	Jue 6.25-7.25	Lc 18.18-43	Sal 74.4-11
29-Abr	Jue 8.1-9.23	Lc 19.1-28	Sal 74.12-17
30-Abr	Jue 9.24-10.18	Lc 19.29-48	Sal 74.18-23
1-May	Jue 11.1-12.7	Lc 20.1-26	Sal 75.1-7
2-May	Jue 12.8-14.20	Lc 20.27-47	Sal 75.8-10
3-May	Jue 15-16	Lc 21.1-19	Sal 76.1-7
4-May	Jue 17-18	Lc 21.20-22.6	Sal 76.8-12
5-May	Jue 19.1-20.23	Lc 22.7-30	Sal 77.1-11